CRIANÇAS NA ESCOLA... E AGORA?

CIP-BRASIL. CATALOGAÇÃO NA PUBLICAÇÃO
SINDICATO NACIONAL DOS EDITORES DE LIVROS, RJ

C668c

Colello, Silvia M. Gasparian
  Crianças na escola... E agora? / Silvia M. Gasparian Colello. - 1. ed. - São Paulo : Summus, 2024.
  184 p. ; 21 cm.

  Inclui bibliografia
  ISBN 978-65-5549-141-8

  1. Educação de crianças. 2. Educação de crianças - Participação dos pais. 3. Lar e escola. 4. Professores e alunos. I. Título.

24-88062   CDD: 649.1
                                            CDU: 649.1

Meri Gleice Rodrigues de Souza - Bibliotecária - CRB-7/6439
30/01/2024   05/02/2024

www.summus.com.br

Compre em lugar de fotocopiar.
Cada real que você dá por um livro recompensa seus autores
e os convida a produzir mais sobre o tema;
incentiva seus editores a encomendar, traduzir e publicar
outras obras sobre o assunto;
e paga aos livreiros por estocar e levar até você livros
para a sua informação e o seu entretenimento.
Cada real que você dá pela fotocópia não autorizada de um livro
financia o crime
e ajuda a matar a produção intelectual de seu país.

CRIANÇAS NA ESCOLA... E AGORA?

Silvia M. Gasparian Colello

CRIANÇAS NA ESCOLA... E AGORA?
Copyright © 2024 by autora
Direitos desta edição reservados por Summus Editorial

Editora executiva: **Soraia Bini Cury**
Preparação de texto: **Carlos Silveira Mendes Rosa**
Revisão: **Mariana Marcoantonio e Janaína Marcoantonio**
Capa: **Delfin [Studio DelRey]**
Projeto gráfico: **Alberto Mateus [Crayon Editorial]**
Diagramação: **Spress**

Summus Editorial
Departamento editorial
Rua Itapicuru, 613 – 7º andar
05006-000 – São Paulo – SP
Fone: (11) 3872-3322

http://www.summus.com.br
e-mail: summus@summus.com.br

Atendimento ao consumidor
Summus Editorial
Fone: (11) 3865-9890

Vendas por atacado
Fone: (11) 3873-8638

e-mail: vendas@summus.com.br

Impresso no Brasil

Para Cassio e Vivian, que me ensinaram a ser mãe,
e para o garoto que está a caminho, com a expectativa
de que ele me ensine a ser avó.

Para os educadores que, por acreditarem na
parceria entre escolas e famílias, valorizam o ensino
e fortalecem o projeto de formação humana.

Para todos aqueles que, ao assumirem
efetivamente o papel de pais, contribuem para
a construção de um mundo melhor.

Sumário

Prefácio — *Valéria Amorim Arantes* 9

Introdução — Por que acompanhar a vida escolar? 13

1 Aprendizagem antes da escola... Como assim? 21

2 Para que brincar em casa e na escola? 29

3 Ensino domiciliar... Por que não? (Ou: porque não.).........39

4 Quando e por que entrar na educação infantil?............. 49

5 A dificuldade de escolher uma escola......................55

6 A escolha de uma escola (ou da melhor escola) 61

7 Como as posturas pedagógicas afetam as práticas escolares?. 71

8 Primeiros dias na escola: acolhimento ou adaptação?.......81

9 Criança que vai para a escola fica mais doente? 89

10 Uma boa escola é escola boa para todos?...................97

11 Inclusão escolar: o que é e como funciona? 101

12 Uma escola igual ou diferente da que tivemos? 109

13 Ensinar a ler e escrever numa escola sem cartilha..........119

14 O milagre da geladeira alfabetizadora 129

15 Como as crianças aprendem a ler e escrever? 137

16 Lição de casa: sim ou não?...............................145

17 Indisciplina na escola: problema de quem? 151

18 *Bullying*: como acontece e o que pode ser feito? 155

19 Mais um ano letivo: o que dizer da volta às aulas?..........161

20 O papel de pais e professores na vida escolar..............165

Conclusão   O que aprendemos com a vida escolar
das crianças?..177

Prefácio

O início da vida escolar da criança é marcado por muitas incertezas e um turbilhão de sentimentos vivenciados por todos os envolvidos, a começar pelo momento de ingresso na instituição. Afinal, é necessário estar na escola? Se sim, qual é a melhor idade para começar? Não seria mais salutar para o desenvolvimento infantil ampliar o período de cuidados oferecidos pela família, evitando doenças às quais as crianças estão mais expostas e mais vulneráveis nos primeiros anos de vida? Elas devem participar da escolha da escola em que estudarão? E quais critérios devem ser considerados nessa escolha?

Na escola ou fora dela, é preciso entender quais são os caminhos mais profícuos para a plena formação das crianças, que brincadeiras ou brinquedos devem ser oferecidos, quais devem ser evitados. O que não pode faltar? O que deve ser eliminado?

Ainda na esteira das incertezas, angústias e aflições daqueles que educam, emergem outras tantas questões. Como os profissionais escolares devem enfrentar as sequelas da pandemia? Que materiais são mais indicados na alfabetização? Quais são as inovações realmente necessárias e desejáveis nas escolas? Como articulá-las com a estrutura curricular da instituição? Em que medida as novas tecnologias e os jogos eletrônicos são ou não prejudiciais ao desenvolvimento e à aprendizagem das crianças? Como introduzi-los nas práticas escolares? De que maneira pais e responsáveis devem lidar com a lição de casa? E como enfrentar a indisciplina, a violência, o *bullying*, o preconceito, entre tantos outros fenômenos que, além de obstáculos pedagógicos, caracterizam-se como entraves ao processo da democratização escolar brasileira?

Considerando a complexidade dessas indagações, a obra que ora lhes apresento, concebida para dialogar com pais e educadores, cumpre um papel de suma importância para melhorar o ensino e os processos educativos: aproximar escola e famílias, num movimento de absoluta transparência e responsabilidade. As reflexões aqui contidas emergem da iniciativa de criação de um espaço de escuta e de pesquisa sobre a vida de cada uma das crianças de 5 meses a 12 anos de idade. São vidas ímpares, com singularidades e idiossincrasias que saltam nos relatos dos pais e responsáveis que participaram dos 25 encontros *online* promovidos por Silvia Colello nos anos de 2022 e 2023. Uma iniciativa pela qual contextos de vida relacionados à escolaridade foram transformados em matéria-prima para fomentar o debate educacional e orientar pais, escolas e profissionais da educação para canalizar esforços que os conduzam à geração de uma escola de qualidade para todos.

Com o rigor científico, a profundidade teórica, a larga experiência pedagógica e o notável compromisso ético-político com a educação brasileira que a caracterizam, a autora transita pelos labirintos das narrativas analisadas e aqui compartilhadas, lançando nelas luzes acadêmicas e instilando coragem naqueles que todo dia enfrentam inúmeros obstáculos e desafios em busca de uma escola transformadora.

Num texto extremamente bem escrito e organizado, engendrado a partir de experiências únicas, Silvia entrelaça diferentes vozes, a experiência singular de uma pessoa e seus diversos significados, o mundo público e o mundo privado, complexos de sentimentos e pensamentos, as dimensões sociais e pessoais etc. Procura compreender a partilha da vida de uma criança pela análise de elementos distintos que aparecem na construção do seu conhecimento e da sua vida escolar (e não escolar também). Com isso, nos brinda com um texto dotado de grande rigor conceitual e consistência teórica, além de muita paixão, excelência e ética, um texto cuja leitura flui e conforta. Seus interlocutores são todos aqueles comprometidos com o ato de educar.

Por fim, devo registrar meus sinceros agradecimentos a Silvia. E devo fazê-lo por ao menos dois motivos. Primeiro, por ela tornar públicas ideias, experiências e reflexões tão relevantes para os atores da cena da educação; segundo, por eu ter tido a honra, o prazer e o privilégio de contar com seu alto nível de engajamento e sobretudo sua imensa generosidade, com a qual sempre, sem titubear, ofereceu-me um ombro amigo nas horas mais difíceis em que me encontrei em verdadeiras encruzilhadas, como mãe, pessoa e profissional da educação. Apressem-se para a leitura e agradeçam à autora!

VALÉRIA AMORIM ARANTES

Professora livre-docente da Faculdade de Educação da Universidade de São Paulo e diretora do Núcleo de Pesquisas em Novas Arquiteturas Pedagógicas (NAP/USP)

Introdução

Por que acompanhar a vida escolar?

Em qualquer família, a chegada de uma criança representa uma ruptura da situação existencial, já que, pelo simbólico corte do cordão umbilical, entra em cena alguém que necessariamente muda toda a dinâmica do ambiente doméstico. A família age e retroage na regência de novas rotinas, relações e sentimentos, associando amor e senso de proteção, realização e insegurança, sonhos e angústias. Diante da incrível experiência de se tornar mãe ou pai, ou de assumir os mesmos papéis como tutores, quem não se pergunta: "E agora?"

Todavia, ao contrário do que se possa imaginar, as dúvidas e os desassossegos dos primeiros dias de convivência — e sobretudo o medo do erro — vêm para ficar. Se é verdade que pais de primeira viagem sentem-se pouco preparados para assumir tamanha responsabilidade, é igualmente verdadeiro que a certeza de acertar hoje de nada vale para o amanhã — em especial na segunda e significativa ruptura, quando a criança sai pela primeira vez do seu âmbito de proteção. E isso começa na escola! Independentemente de quando ela chegue à creche, ao berçário, à educação infantil ou mesmo ao ensino fundamental, o significado desse rito de passagem é marcante tanto pela condição de dependência da criança quanto pela certeza de que a escola é decisiva para a pessoa. Assim como no nascimento a separação entre a mãe e o bebê inaugura a vida biologicamente independente, o ingresso na escola sinaliza a possibilidade de emancipação pessoal cada vez mais autônoma e autogerida — ruptura que, do ponto de vista da família, precisa ser elaborada. Outra vez deparamos com a mesma pergunta: "E agora?"

No plano social, as preocupações dos familiares relativas ao início da vida escolar também se justificam em face de um mundo turbulento, muitas inovações, rápidas mudanças, novas formas de comunicação, aprendizagem e relacionamento interpessoal. Num universo em que a única certeza é a consciência de tantas incertezas, como ter o mínimo de segurança para lançar uma criança num mar de imprevistos? Como preparar o sujeito para um futuro desconhecido? E, não bastassem as preocupações com o amanhã, como lidar com as sequelas do mundo pós-pandemia?

Ainda que os pais já tenham vivido o rito de passagem do ingresso na escola, a experiência de acompanhar o primeiro filho pouco ajuda nos dilemas trazidos pelo segundo, pelo terceiro, pelo quarto... Vem daí a necessidade de se levarem em conta múltiplas variáveis e especificidades — situações conhecidas, mas nunca plenamente previsíveis; contextos típicos, mas necessariamente singulares.

A esse respeito, resta lembrar: como o ser humano não tem "receita", nunca seremos pais ou mães em definitivo; nós nos tornamos pais e mães todos os dias, em cada situação, em cada ciclo de mudanças sociais, em cada passo da trajetória dos nossos filhos, em cada tomada de atitude, em cada decisão, em cada diálogo, em cada palavra, gesto ou olhar. Aprendemos a ser pais e mães dia após dia, em especial quando, apesar dos inevitáveis erros, assumimos o desejo de acertar.

Na vida escolar, as preocupações dos pais ou responsáveis, mais que compreensíveis, são saudáveis por funcionarem como importante princípio de participação na formação das crianças. Pais apreensivos são, em geral, comprometidos, cúmplices e parceiros nos processos de desenvolvimento, aprendizagem e socialização dos filhos. Trata-se de uma participação essencial para compor uma trajetória saudável e feliz, concretizada de maneiras variadas:

- apoio aos filhos com base no seu jeito de ser;
- sinergia com os propósitos da escola;
- colaboração com os professores;
- valorização do conhecimento;
- incentivo à construção de saberes;
- estímulo para a consolidação das aprendizagens;
- fortalecimento de valores e de posturas éticas;
- promoção do desenvolvimento, da socialização e da vida afetiva;
- construção de linhas de conduta e de atitudes coerentes.

Na *minha memória pessoal* e nas lembranças partilhadas com tantas pessoas, trago comigo situações nem sempre felizes, desafios estudantis supostamente intransponíveis, decepções e erros na vida escolar, episódios cujos ecos se perpetuaram além dos limites da formação básica. Que desperdício seriam todos esses casos se não gerassem reflexões para compartilhar!

Na *minha condição de mãe*, igualmente angustiada no acompanhamento da escolaridade dos meus dois filhos (sim, porque nem mesmo a profissão de educadora me exime das mesmas preocupações e dúvidas de tantas outras mães), sinto-me também instigada a reviver os desassossegos de todos nós para que, juntos, busquemos caminhos alternativos.

Na *minha condição de educadora*, parto do princípio de que a luta por um ensino de qualidade passa pelo diálogo com todos aqueles que se responsabilizam pelas crianças e pela aproximação entre escolas e famílias.

Na *minha condição de pesquisadora* — os muitos anos de investigação sobre os segmentos iniciais da escola; a experiência construída com inúmeras entrevistas com pais, professores e alunos; os temas estudados e os tópicos analisados em produções acadêmicas —, tenho a convicção de que um referencial teórico qualifica o que, a princípio, aparece como simples caso pessoal, vivências informais ou contingências aleatórias. Desse ponto de vista, as considerações sobre a vida escolar podem motivar a revisão de princípios e até subsidiar atitudes.

De modo mais específico, a presente obra foi constituída como produto de um grupo de debates com famílias sobre a vida escolar de crianças de 5 meses a 12 anos — para os participantes, um espaço de troca de ideias, uma estratégia de apoio e de ponderação; para mim, um campo de pesquisa, uma oportunidade ímpar de ampliar o entendimento da vida escolar fora dos muros da escola e, quem sabe, de favorecer a tão necessária aproximação entre famílias e escolas.

Para cada tema abordado, busco a possibilidade de dar (novo) significado a contextos da vida relativos à escolaridade inicial dos filhos (expectativas, dilemas, ansiedades, dúvidas, inseguranças, sentimentos, frustrações, angústias, superações, conquistas...) e, por meio da reflexão, transformá-los em ricos repertórios de convivência.

Partindo dessa intenção e do princípio de que a parceria entre pais ou responsáveis e a escola é o melhor aval para lidar com os desafios educacionais, criou-se o "Grupo de Debates Crianças na Escola... E Agora?" Após o levantamento prévio de tópicos de interesse, os encontros ocorreram *online*, de junho de 2022 a junho de 2023, como grupos focais, isto é, uma associação de pessoas interessadas na tematização da escolaridade. Mediadas por mim, as sessões foram organizadas com a seguinte dinâmica:

Crianças na escola... E agora?

- apresentação do tema e contextualização de uma problemática em pauta;
- evocação livre de ocorrências, ideias, dúvidas, sentimentos e opiniões do grupo;
- debates em torno dos principais pontos levantados;
- sistematização de princípios, variáveis e considerações pertinentes ao tema.

Nos 25 encontros, com participação regular de aproximadamente 38 adultos[1] — representantes de 55 crianças de berçários, escolas de educação infantil e de ensino fundamental, públicas e privadas —, ficaram algumas certezas:

1. a amplitude e a complexidade dos objetos de estudo e debates — a referida angústia, marcada pela pluralidade de temas, situações, ocorrências, sentimentos e questionamentos;
2. a possibilidade de refletir, aprender e tomar posição com base no compartilhamento de experiências e na sistematização de dados;
3. a relevância de se levarem em conta os pontos de vista de pais e responsáveis pelos alunos para melhor apoiar a vida estudantil.

Partindo dessa rica experiência, este livro pretende registrar os debates sobre os temas abordados pelo grupo. Procuro recuperar os interesses comuns que podem fazer sentido para muitas outras famílias, seja pela premência de decisões (como os capítulos sobre a escolha da escola ou sobre o *bullying*), seja pelo surgimento de dúvidas frequentes (por exemplo, sobre o papel

---

1. Embora tenhamos mantido fidelidade aos relatos e às opiniões dos participantes do "Grupo de Debates Crianças na Escola... E Agora?", usamos nomes fictícios para identificá-los e para identificar seus filhos, enteados ou netos.

Silvia M. Gasparian Colello

da brincadeira no aprendizado ou a lição de casa) ou, ainda, pela atualidade do tema (como nas considerações a respeito do ensino domiciliar ou *homeschooling*).

Em cada capítulo, a iniciativa de organizar ideias e diretrizes é um esforço de análise que, mesmo sem a pretensão de exaurir a complexidade dos temas, a riqueza dos debates e a diversidade de posturas, justifica-se pelo potencial de disparar novas reflexões. Para fomentar essa possibilidade, deixei a indicação de materiais complementares no final de cada capítulo.

Dado o grau de interesse do grupo de familiares e a amplitude dos debates travados, alguns temas previstos geraram outros questionamentos, incorporados aos capítulos com breves considerações ("Para ir além"). Por sua vez, a evocação de assuntos mais específicos pediu a palavra de especialistas (como nas entrevistas sobre saúde, no capítulo 9, e sobre inclusão na escola, no capítulo 11), profissionais a quem agradeço a preciosa contribuição.

Ao considerar a diversidade dos participantes do grupo de origem e, ainda, do público potencial ao qual este livro se destina, identifico o perfil dos possíveis leitores: todos aqueles que se comprometem com a vida escolar das crianças. A conversa proposta a mães e pais certamente se estende a madrastas e padrastos, avós, tios e até cuidadores preocupados com o bem-estar dos pequenos. Estende-se também a professores e educadores que, no cotidiano da sua profissão, assumem o compromisso de dialogar com as famílias, partilhando os desafios da formação humana. Assim, nas páginas que se seguem, independentemente dos termos empregados — "mãe", "pai", "família", "professora", "professor" —, considerem esta obra uma convocação inclusiva a todos os que de algum modo pretendem fazer diferença no acompanhamento da vida escolar de crianças.

Na tentativa de substituir angústias (ou, no mínimo, desassossegos) por reflexões, dúvidas por critérios de posicionamen-

Crianças na escola... E agora?

to e divergência de ideias por aproximação dialógica entre os envolvidos, recuperamos aqui os mesmos objetivos do "Grupo de Debates Crianças na Escola... E Agora?":

- acolher as dúvidas e inquietações legítimas inerentes à condição de educar;
- promover subsídios teóricos e práticos para ampliar os olhares sobre a vida estudantil;
- situar dilemas e problemáticas que, embora muito frequentes, acabam sendo únicos em cada caso;
- propiciar o acompanhamento e a parceria entre a família e a escola;
- apresentar princípios, alternativas e linhas de conduta capazes de subsidiar a adoção de atitudes na vida de crianças.

Fica aqui o convite para uma "longa conversa" — no caso deste livro, a leitura, indireta e a distância — que, no contexto das muitas situações vividas, das preocupações partilhadas, das descobertas feitas e dos caminhos encontrados, tende a se ampliar através das reflexões de cada um.

SILVIA M. GASPARIAN COLELLO

1

Aprendizagem antes da escola... Como assim?

Depoimentos de familiares do "Grupo de Debates Crianças na Escola... E Agora?"

Para explicar como foi o seu dia, Clara diz: "Eu dormi, depois eu acordi e depois eu brinqui". (Clotilde, mãe de Clara, de 2 anos e 4 meses)

Felipe conta à avó sua "descoberta importante": "Acho que o sol deve gostar de pega-pega, porque ele vem atrás de mim quando eu corro no quintal". (Adelina, avó de Felipe, de 3 anos e 8 meses)

Mariana pergunta ao seu pai: "Quem é mais velho, Deus, o Pão de Açúcar ou o vô João?" (Vânia, mãe de Mariana, de 5 anos e 1 mês)

"No esforço para escrever o nome dele, Roberto vai dizendo 'RO-BER-TO' e chega à conclusão de que o seu nome deve ter três letras, uma para cada sílaba." (Nelson, pai de Roberto, de 5 anos)

Contrariando a ideia de quem acredita que as crianças só aprendem no ambiente formal da escola, os episódios relatados não só comprovam a capacidade delas de pensar e buscar explicações sobre diferentes tópicos como também ilustram o modo de fazê-lo. Clara, que está aprendendo a falar, busca regularidades na língua; Felipe observa e interpreta o "movimento do sol" de acordo com o movimento dele mesmo; Mariana reflete sobre o passar do tempo, buscando parâmetros para dimensionar o passado, e Roberto procura compreender as relações entre a oralidade e a escrita. Ainda que distantes do saber convencional, as peculiaridades dessas suposições e explicações mostram o esforço de crianças pequenas para compreender o seu meio e circunscrever o mundo com certa lógica — um esforço que pais e educadores certamente não podem desprezar se o que queremos é formar "seres pensantes", pessoas participativas e investigativas.

Por valorizar a "lógica própria" de hipóteses entabuladas pelas crianças e reconhecer o seu mérito como importante esforço cognitivo, o psicólogo suíço Jean Piaget (1896-1980) afirmou que as "estranhas" respostas infantis — às vezes até engraçadas no entender do adulto — integram a aprendizagem, o que comprova a postura ativa da criança na relação com o meio. Assim, é possível afirmar que as pessoas aprendem sempre: desde que nascem, são "produtoras de conhecimentos". Aprendem porque, ao se relacionarem com objetos e com os outros, não ficam imunes às experiências vividas; por isso, costumam assimilar informações, ideias, significados, procedimentos, correlações, regras, comportamentos, causas, consequências etc. Por esses e tantos outros caminhos, acabam por recriar as bases do saber. Meninas e meninos de 3 ou 4 anos podem, por exemplo, compreender o senso de justiça pela atitude da mãe ao dividir igualmente um pacote de balas para cada um dos filhos, embora, no plano pessoal, desejassem obter uma quantidade maior. Experiências como essa influenciam a pessoa, transformam a sua visão de mundo e a relação com os outros, já que, por um lado, permitem o acesso a significados socialmente compartilhados e, por outro, favorecem a tomada de consciência de sentidos vivenciados individualmente.

Perseguindo seus interesses e a motivação natural para entenderem as coisas à sua volta, os pequenos observam tudo, surpreendem-se com fenômenos, fazem perguntas, tecem hipóteses, antecipam resultados, elaboram conceitos a partir de situações concretas e não hesitam em dar explicações só suas. Em síntese, comportam-se como verdadeiros pesquisadores, ainda que, na maioria das vezes, de modo intuitivo, errático, assistemático, e centrados em percepções ou pontos de vista próprios.

De qualquer maneira, não se pode menosprezar os conhecimentos que as crianças formam sobre o seu universo.

> Se pensarmos que, com tão poucos anos de experiência e sem treinamentos especiais, a criança [consegue] desfazer a complexa trama de relações espaciais, temporais, causais e até motivacionais sobre a qual é tecida a experiência cotidiana, certamente avaliaremos de outro modo suas capacidades. (Rodrigo, 1995, p. 133)

Vem daí a importância de se dar atenção aos muitos por quês das crianças. Suas perguntas merecem ser valorizadas em função não só de uma aprendizagem objetiva e pontual como também de uma perspectiva de longo prazo, visando à formação de indivíduos que ousam problematizar e se lançar ao conhecimento, porque não se resignam com o estado puro e apenas observável das coisas.

Claro, se não tomarem a "ducha de água fria" de respostas como "quando você for grande vai entender" ou "isso é muito complicado para eu explicar" (pior ainda, respostas do tipo "porque sim" e "porque não"), as crianças tendem a levar para a vida toda a mesma postura investigativa que caracteriza a engenhosidade de sábios, artistas e cientistas. Quanto a isso, importa admitir: pode-se explicar tudo a uma criança, desde que se respeitem as especificidades da sua faixa etária e o seu âmbito de compreensão. Ainda que não entendam as complexas razões do divórcio dos pais ou das guerras no mundo, as crianças pequenas são capazes de entender que "papai e mamãe preferem morar em casas separadas" ou que "o chefe de um país queria mandar no país do outro" — razões simples, mas não deixam de ser formas de entendimento. E ter uma forma de entendimento é sempre melhor do que conviver com uma pergunta não respondida, com uma realidade não justificada ou com uma "verdade" simplesmente imposta.

Na impossibilidade de precisar um "momento certo" para entender cada assunto, vale dizer que as crianças frequentemente constroem o conhecimento por aproximação. Por isso, na complexa teia das aprendizagens, cada saber (amarrar os sapatos, andar de bicicleta, fazer contas, ler um livro etc.) é singular e tem uma história própria para cada sujeito, um percurso sempre tributário de experiências — conteúdos ensinados formalmente ou vivências do dia a dia.

Além disso, como as crianças estão imersas em contextos sociais, nos quais circulam tantas ideias e comportamentos, torna-se impossível pressupor um "estágio zero" de algum conteúdo (até mesmo nas clássicas disciplinas escolares). Na maior parte das vezes, elas podem já ter ouvido sobre o assunto na televisão, podem ter acompanhado uma conversa entre adultos sobre um problema, prestado atenção nas lições de irmãos maiores ou conhecido aspectos da vida animal e vegetal em passeios, viagens etc. Sejam lá quais forem a origem e a trajetória da evolução, a construção dos conhecimentos é necessariamente marcada por processos de elaboração mental amplos e complexos. Em outras palavras, a aprendizagem nunca é passiva.

Quando vemos uma criança reproduzir uma música, tendemos a considerar esse aprendizado um tópico que se esgota em si mesmo (o conhecimento da música, da letra e da melodia), mas raramente nos damos conta da extensão do processo intelectual implícito, como perceber diferentes ritmos, tecer conexões internas e externas de sentido, compreender as diferentes abordagens sobre o tema, desenvolver estratégias de representação da realidade, ampliar o vocabulário ou o referencial linguístico, experimentar o sentido estético das rimas, vislumbrar possibilidades de manifestação afetiva, associar a canção a determinados momentos ou mesmo movimentos e expressões corporais e diversificar alternativas de comunicação, além da própria vivência ou fruição musical.

Por tudo isso, diga-se que, ao contrário do que se possa pensar, a aprendizagem não é mera assimilação de informações externas veiculadas formalmente, mesmo porque o indivíduo, em diferentes situações e pelo seu modo de entendimento, transforma "o mundo" em "seu mundo". No entanto, ainda que ele seja o centro do processamento de informações, a construção do saber, longe de ser um processo solitário, é uma atividade solidária, no sentido de que, como dito, se estabelece na e pela relação com os outros ou os objetos de conhecimento. O aprendizado pressupõe o questionamento da esfera social, é mobilizado sobretudo pela resolução de problemas e implica disponibilizar-se para a aventura do conhecimento, para o desafio de enfrentar dificuldades, dilemas, impasses e conflitos, buscando soluções que nos afetam individual ou coletivamente.

Assim, ao viver e conviver, ouvir e se posicionar, perguntar e compreender, discutir e explicar, discordar e responder, testar e comprovar, sentir e reagir, apreender problemas e buscar alternativas, enfrentar obstáculos e lidar com as variáveis, a criança, mesmo antes de entrar na escola, não só começa a aprender conteúdos específicos (como as leis da natureza, a língua, as relações numéricas, as histórias do seu tempo) como internaliza importantes bases para a convivência social (relações afetivas, normas sociais, regras de convivência, hierarquias, práticas de poder, mecanismos de defesa etc.) — aspectos fundamentais também para a vida estudantil. Nesse sentido, preparar a criança para a vida escolar não é adiantar conteúdos, mas, principalmente, forjar posturas e estratégias de relação com pessoas, com objetos e com os campos do conhecimento.

Considerando as especificidades dos contextos da vida, fica para os pais o desafio de oferecer experiências boas e diferentes, fazer perguntas e responder a elas, facilitar a abertura para o mundo, transitar, na medida do possível, em diversas áreas do saber, alimentar a curiosidade e, sobretudo, proporcionar uma relação positiva com o conhecimento — o gosto de aprender e a postura de sempre questionar, ou talvez de nunca se conformar com o que é dado ou imposto.

Ainda que não se possa garantir de antemão o sucesso escolar, parece ser decisivo o investimento, ainda que informal e indireto, de pais ou responsáveis na relação com o saber para compor uma trajetória proveitosa e saudável para o estudante. O projeto educativo cuja base fundamental está na família projeta-se ao longo da escolaridade na forma de uma parceria insubstituível. Juntas, as experiências cotidianas vividas no contexto da família e a necessária sistematização da escola (com base na organização, na intencionalidade e no planejamento) respondem por um processo de humanização do sujeito, razão pela qual todos nós somos ética e politicamente responsáveis pela educação.

Saiba mais

CHARLOT, Bernard. *Da relação com o saber às práticas educativas*. São Paulo: Cortez, 2018.

COLELLO, Silvia. "Piaget: um referencial a ser considerado". Videoaula 1 (18min10s). Disciplina Alfabetização e Letramento II, curso de Pedagogia, Univesp, 2019. Disponível em: https://silviacolello.com.br/aula-1-piaget-um-referencial-a-ser-considerado. Acesso em: 27 nov. 2023.

FERREIRO, Emilia. "A criança segundo Piaget — Um interlocutor intelectual do adulto". In: *Atualidade de Jean Piaget*. Porto Alegre: Artmed, 2001. p. 21-33.

LAROSSA BONDÍA, Jorge. "Notas sobre a experiência e o saber de experiência". Tradução: João Wanderley Geraldi. *Revista Brasileira de Educação*, n. 19, p. 20-28, jan.-abr. 2002. Disponível em: http://www.redalyc.org/articulo.oa?id=27501903. Acesso em: 27 nov. 2023.

2

Para que brincar em casa e na escola?

**Depoimentos de familiares do
"Grupo de Debates Crianças na Escola... E Agora?"**

Marlene (mãe de Pedro, de 7 anos e 1 mês) proíbe o filho de brincar com jogos eletrônicos e até os de pilha, mas fica o tempo todo brincando com a criança e lhe oferece tantos brinquedos que a casa parece não ter mais espaço de circulação.

Ana (mãe de Giulia, de 7 anos) só oferece brinquedos muito sofisticados para a filha, que brinca sempre sozinha e, por isso, acaba ficando o dia inteiro no mundo eletrônico.

A professora do 3º ano planejou um grande campeonato de bolinha de gude para a recuperação de Matemática. Simone (mãe de Lucas, de 8 anos e 4 meses, e Caio, de 7 anos e 1 mês) questionou a atividade: "Não levo meu filho à escola para brincar de bolinha".

No seu aniversário de 3 anos, Cristina ganhou um brinquedo interessante: um dinossaurinho de plástico com várias peças que representam alimentos a ser introduzidos na boca do boneco e depois retirados por uma pequena abertura em sua barriga. Vera, sua mãe, querendo incentivar a brincadeira, fez uma demonstração de como "alimentar" o bichinho e recuperar os alimentos. Compreendendo o "propósito previsível" do brinquedo, a menina reproduziu duas ou três vezes os movimentos da mãe, sorriu e, em seguida, foi brincar com a embalagem do presente.

Esses quatro episódios retratam atitudes frequentes de familiares quanto ao uso de brinquedos na infância. A princípio, parece fácil reconhecê-los pela possibilidade de estímulo e entretenimento (por exemplo, um móbile acima do berço), de diversão (um jogo de bola) ou de manipulação (como o jogo das pedrinhas, também conhecido como cinco-marias). Mas, paralelamente às razões tão só recreativas, válidas por si mesmas, como o lúdico pode contribuir para a aprendizagem e o desenvolvimento infantil? Que brinquedos oferecer às crianças? Como intervir nessas atividades? E como aproveitá-las nas práticas pedagógicas?

Brincadeira, aprendizagem e desenvolvimento

Na tradição pedagógica, a ideia de que aprendizagem e brincadeira são incompatíveis cristalizou-se de tal forma que a maioria das pessoas não estranharia a fala tão comum de professores: "Pessoal, agora acabou a brincadeira; vamos estudar". Contudo, desde meados do século passado, inúmeros estudiosos demonstraram que brincar é uma maneira de aprender e se relacionar com o mundo — no caso de crianças pequenas, a mais típica.

Essa constatação sustenta muitos debates sobre o valor de jogos e brinquedos. Obviamente, ao advogar a dimensão lúdica como prática educativa, não defendemos comportamentos impertinentes ou sem limite que, na infância e na juventude, costumam servir de resistência aos pais ou aos educadores, mas certamente procuramos problematizar a melhor maneira de valorizar o lúdico na educação. Em que sentido se pode dizer que a aprendizagem se beneficia das brincadeiras?

A questão é particularmente complexa não só por causa da pluralidade de brinquedos e jogos, entre outras atividades afins, mas também pela dificuldade de determinar o uso que crianças e jovens podem fazer de cada um deles, assim como os critérios de proposição, agrupamento, intervenção e mediação adotados pelos adultos — daí o interesse em considerar as relações entre brincar, aprender e se desenvolver.

De modo geral, o brinquedo de faz de conta e as atividades de fantasia proporcionam a descoberta e o aprofundamento da criança no universo simbólico, isto é, o entendimento de que objetos, sons, movimentos, palavras e figuras podem representar a realidade. Assim, brincar de teatrinho, de desenho, de mímica ou de massinha, por exemplo, constitui um estímulo à compreensão de que é possível objetos e personagens "existirem" em outro plano — o simbólico — quando imitados ou reproduzidos por modelagem, movimentos e imagens, incorporando até seus ambientes (floresta, praia, escola etc.) e comportamentos (comer, dormir, brigar etc.).

Associados à representação da realidade, as brincadeiras e os jogos viabilizam o aprendizado de significados circulantes no mundo, embora indiretamente acessíveis para as crianças. Assim, não é exagero dizer que a fantasia permite recriar e compreender realidades além da típica esfera infantil. Por esse caminho indireto, elas podem compreender com carrinhos a necessidade de organizar o trânsito; num jogo, podem perceber a relação entre planejamentos táticos e objetivos a serem atingidos; brincar de boneca leva a vivenciar a condição afetiva de ser mãe e, talvez, até lidar com os sentimentos relativos à maternidade. Diga-se de passagem, a psicoterapia infantil aproveita-se justamente da estratégia lúdica para trabalhar com tensões emocionais das crianças — evidência de que a brincadeira excede até mesmo a dimensão cognitiva.

Ampliando essas possibilidades, os brinquedos e os jogos contribuem para a socialização das crianças tanto porque, em situações lúdicas, pode-se estimulá-las a dar, emprestar, agir cooperativamente, construir em grupo e esperar a vez do outro, quanto porque elas vivenciam a necessidade de respeitar as regras de um jogo, prenúncio do respeito às normas de convivência social.

Nada deve ser subestimado no campo das "brincadeiras socializantes". As atividades com colegas da mesma idade são oportunidades ímpares para as crianças testarem competências em relativa igualdade de condições. Com irmãos e primos mais novos ou mais velhos, os jogos proporcionam momentos primorosos para perceber estratégias de ação diversas, respeitar as possibilidades de outros menos experientes e, pela simples ocasião de compartilhar táticas mais sofisticadas, avançar por caminhos desconhecidos.

As atividades lúdicas também subsidiam a aquisição de conhecimentos específicos, como num jogo de percurso em tabuleiro com dois dados, no qual as crianças vivenciam concretamente as situações de adição e subtração para avançar ou retroceder nas casas de uma trilha. Os jogos de palavras (forca, caça-palavras, cruzadinhas etc.), por sua vez, contribuem para a compreensão de aspectos formais da língua escrita.

Quais brinquedos oferecer

A rigor, "brinquedo" é tudo aquilo que se presta a atividades lúdicas, independentemente de ter sido projetado para tal. Diante das possibilidades de aproveitamento de muitos objetos e do uso criativo de sucata no ensino das crianças, o "princípio da pluralidade" merece destaque: promover múltiplas experiências, com diversidade de materiais, numa ampla variedade de situações, sempre favorecendo o acesso a diferentes atividades, brinquedos e jogos.

Mesmo assim, não se justifica o exagero daquela mãe que espalha carrinhos, jogos e bonecos pela casa toda e ao mesmo tempo proíbe dispositivos eletrônicos. Considerando a conveniência de preservar determinados espaços de convivência doméstica e respeitar outros membros da família, uma alternativa é fazer um rodízio, oferecendo alguns brinquedos, enquanto outros são retirados de circulação por algum tempo.

Ana, a vizinha de Marlene, também peca por não oferecer atividades lúdicas diferenciadas à sua filha, impondo-lhe práticas restritas de diversão e manipulação. No entanto, não se deve condená-la por oferecer brinquedos sofisticados. Seria ingenuidade achar que os jogos eletrônicos são necessariamente prejudiciais, sobretudo porque eles podem representar oportunidades de criação e aproximação com o mundo tecnológico. É óbvio que esse potencial, legítimo no mundo em que vivemos, não justifica o exagero da convivência dos pequenos com as telas. O dilema, portanto, não é assumir uma posição em face da dicotomia — "eletrônicos sim" ou "eletrônicos não" —, mas considerar "quais eletrônicos" e por quanto tempo.

De modo geral, é preciso entender que, resguardadas as precauções de segurança e de adequação à faixa etária, todos os brinquedos e os jogos oferecem boas oportunidades de recreação, exploração e aprendizagem. Quem convive com crianças sabe que elas conseguem se divertir tanto com brinquedos caros e sofisticados quanto com objetos improvisados. De fato, garrafas plásticas podem virar chocalhos, tampinhas transformam-se em jogos de botão, caixas de papelão fazem as vezes de casinhas de boneca, toalhas e cobertores se prestam à monta-

Silvia M. Gasparian Colello

gem de cabanas. Desse modo, no que diz respeito à disponibilização de brinquedos, o consumismo daria lugar à criatividade e à reciclagem, visando sempre o bom aproveitamento do que se tem à mão.

Em síntese, quando se considera a promoção de recursos lúdicos, os riscos recaem na quantidade exagerada de brinquedos (uma quase "poluição recreativa", que suscita a dispersão das atividades e do tempo de concentração, além de desvalorizar os objetos), no desequilíbrio do período despendido (como ocorre com os *game*-maníacos") ou no reducionismo dos tipos de brinquedo (só bonecas, só carrinhos etc.).

Possibilidades de intervenção nas atividades lúdicas

O entendimento de que os brinquedos constituem desafios motores, sociais, cognitivos e até emocionais remete à necessidade de respeitar a flexibilidade do brincar, em usos que o adulto desconhece.

Afinal, por que as brincadeiras infantis deveriam seguir os padrões preconcebidos por pais, professores ou fabricantes de brinquedos? Por que os carrinhos têm de apostar corrida e dar trombada? Por que as brincadeiras de casinha deveriam reproduzir um padrão tradicional de funcionamento doméstico relativizado até pela sociedade de hoje? Por que os meninos não podem (eles também!) brincar de boneca?

Admitir modos impensáveis de brincar significa justamente aceitar a dimensão criativa e a riqueza da atividade lúdica, aliás, a mesma plasticidade tão desejável no futuro das crianças, num mundo cada vez mais imprevisível.

Se Cristina logo se desinteressou do intrigante dinossaurinho comedor de hortaliças, não foi pela falta de apelo do brinquedo, mas sem dúvida porque a mãe exauriu precocemente a possibi-

Crianças na escola... E agora?

lidade de explorar o boneco. Uma vez que os "segredos" do bichinho foram desvendados, ele deixou de ser um objeto desafiador ou representar uma situação-problema. A partir daí, a caixa do brinquedo se tornou mais interessante e, não sem surpresa, constatou-se como ela — tão inútil aos olhos do adulto — pôde assumir um novo significado no contexto de novas brincadeiras.

A embalagem de plástico, conforme o relato da mãe, acabou servindo para testar a transparência do material, como se fosse uma "nova lente para o mundo", prestou-se à "condição de armário" para as roupas de bonecas e, ainda, funcionou como "automóvel" para transportá-las.

O exemplo permite também problematizar os tipos de mediação dos adultos nas brincadeiras. Assim como em determinadas atividades as intervenções são fundamentais para diversificar as experiências, (re)apresentando desafios progressivos para as crianças, não se pode subestimar a brincadeira individual de livre exploração. Isso porque a relação com o objeto lúdico pressupõe modos de elaboração mental empreendidos pelas crianças, o que certamente favorece a compreensão do mundo, a concentração e a criatividade.

No desequilíbrio entre as possibilidades de mediação do adulto, não raro observamos excessos e extremos: de um lado, meninos e meninas que, distantes da esfera social, veem-se acompanhados apenas por brinquedos ou pelas telas dos eletrônicos; de outro, crianças incapazes de brincar sozinhas, de se concentrar no seu imaginário, de lidar com os desafios de brinquedos cognitivamente desafiadores, como se o conhecimento da realidade precisasse ser sempre banalizado, resumido ou facilitado por terceiros.

Diante do dilema de quando e como interferir nas atividades lúdicas, fica para os pais o desafio de um posicionamento criterioso e menos protetor na mediação. Que os brinquedos possam entrar em casa para diversão, sim, mas também como mecanismo de aprendizagem a partir das possibilidades que representam. Deixemos que as crianças organizem as suas atividades para lidar com seus significados de modo previsto ou insólito, vivenciar situações emocionais, trabalhar cooperativamente ou exercer o direito da livre manipulação individual, construir modos de convivência social ou garantir as suas maneiras de explorar o mundo.

Brincadeiras como práticas pedagógicas

Sobre o aproveitamento pedagógico dos brinquedos, importa reconsiderar as nossas expectativas sobre o funcionamento da escola e a natureza das atividades didáticas. Definitivamente, é preciso conceber nas salas de aula formas mais significativas de ensinar e aprender. Quando planejados com critério e orientados por professores, os jogos e as brincadeiras podem aumentar bastante o potencial das estratégias de ensino, dando sentido aos conteúdos e, ainda, ampliando o vínculo das crianças com a escola. Por isso, não é de estranhar que um campeonato de bolinha de gude em sala de aula contribua para as operações numéricas, a noção de conjunto, as relações de igualdade e diferença e as competências matemáticas, como provavelmente pretendia a professora de Lucas. O mito de que a aprendizagem e o divertimento são processos incompatíveis entre si merece ser desconstruído em benefício de uma escola mais feliz e sintonizada com as crianças.

Saiba mais

"O Brincar na educação infantil". 2 vídeos (28min7s; 27min38s). Entrevistadora: Tatiana Bertoni. Entrevistada: Tizuko Morchida Kishimoto. São Paulo: Univesp TV, 2010. Disponível em: https://www.youtube.com/watch?v=o9w8a-u-AUU (parte 1); https://www.youtube.com/watch?v=QomXuPFJc8c (parte 2) Acesso em: 27 nov. 2023.

CARAMBA, carambola: o brincar tá na escola! [Documentário] Direção: Olindo Estavam. Realização: Cenpec. 1 vídeo (31min29s). Publicado pela Plataforma do Letramento, 22 set. 2014. Disponível em: https://www.youtube.com/watch?v=oJSKrU-CKys. Acesso em: 27 nov. 2023.

KISHIMOTO, Tizuko Morchida (org.). *Jogo, brinquedo, brincadeira e a educação*. São Paulo: Cortez, 2008.

3

Ensino domiciliar... Por que não? (Ou: porque não.)

Depoimentos de pais adeptos do ensino domiciliar à TV Folha (2012)

"Eu vejo como está sendo gratificante para nós o andamento da nossa filha, tanto no estudo como assim... de personalidade. Ela está adquirindo a personalidade que nós queremos."

"Somos evangélicos, né? Seguimos princípios bíblicos, que vão de contra [sic] algumas coisas que as escolas têm ensinado. Em casa a gente tem como filtrar uma ou outra coisa, né? A própria questão do homossexualismo [sic] e outras coisas que a gente não concorda."

O ensino domiciliar (também chamado de educação domiciliar) é uma tendência antiga que, nos anos 1970, tomou corpo nos Estados Unidos (sob o nome de *homeschooling*). Tem sido adotado por famílias que preferem instruir os filhos em casa ou outros lugares que não uma escola instituída. No Brasil, essa prática ganhou maior representatividade em 2010, com a criação da Associação Nacional de Educação Domiciliar (Aned), que apoia o direito à autonomia educacional da família, incentivando a divulgação da ideia e liderando a luta pelo seu reconhecimento jurídico.

A proposta que institui as regras de funcionamento do ensino domiciliar no Brasil foi aprovada pela Câmara dos Deputados em maio de 2022 e precisa passar pelo Senado.[2] Se aprovado esse projeto de lei e sancionado pelo presidente da República, de um lado estaria garantida a segurança jurídica das famílias que, tendo optado por educar os filhos em casa, permanecem na ilegalidade; de outro, aumentariam as possibilidades de desigualdade na formação de crianças e jovens, de abandono intelectual, de abusos na esfera doméstica e de prejuízos de um projeto educacional apartado da sociedade.

No presente capítulo, defendemos a posição de que, exceto em casos muito específicos de famílias itinerantes, estudantes acamados ou portadores de enfermidade grave, o ensino domiciliar não é uma opção legítima para crianças e jovens.

Porque nas práticas de ensino, ao misturar o âmbito de convivência familiar (marcado pela informalidade da vida doméstica) e o trabalho pedagógico (regido por planejamento, direcionalidade e sistematização), corre-se o risco de descaracterizar relações que, nas suas funções originais, devem ser preservadas como referências estáveis para as crianças. No ensino domiciliar, a oscilação de posturas ("agora eu sou sua mãe"; "agora eu sou sua professora"), além de gerar instabilidade de relações e vínculos, distancia o indivíduo de certa "objetividade escolar" — metas, conteúdos, estratégias, modos de avaliação e perspec-

---

2. Guilherme Oliveira, "Senado aprofunda debate sobre educação domiciliar". *Agência Senado*, Senado Federal, Brasília, 8 dez. 2022. Disponível em: https://www12.senado.leg.br/noticias/infomaterias/2022/12/senado-aprofunda-debate-sobre-educacao-domiciliar. Acesso em: 27 nov. 2023.

Crianças na escola... E agora?

tivas de progressão livres de credos, preferências, delimitações ideológicas, posturas ou juízos predefinidos.

Porque em nome da defesa de supostos direitos dos pais, incorremos na contradição de desrespeitar o direito dos filhos. Se a educação, o saber e a possibilidade de escolha são direitos de todos, não há cabimento em criar filhos à imagem e semelhança dos próprios pais (ou conforme o plano predeterminado por eles), estabelecendo *a priori* projetos de vida, mas sim educá-los para o exercício consciente e responsável do livre arbítrio. Dessa perspectiva, a censura a tópicos formativos relacionados à herança cultural (como as posturas políticas e religiosas), à ciência (como o evolucionismo) ou à própria subjetividade (como a sexualidade) se traduz por práticas de autoritarismo, discriminação, cerceamento, opressão e repressão. Trata-se de uma limitação dos direitos da pessoa, o que corrompe a liberdade individual para que seja possível apropriar-se de objetos, saberes e fatos, inibindo-se também o desenvolvimento de modos de ser, sentir e lidar com a realidade.

Porque a pretensão de filtrar o acesso ao conhecimento é simultaneamente ingênua, exagerada e improdutiva. *Ingênua*, pois é pouco provável que o ensino domiciliar consiga impedir o acesso dos estudantes a informações e realidades consideradas indesejáveis (como a homossexualidade). Ainda que as crianças sejam distanciadas da escola, como evitar temas que tantas vezes aparecem na televisão, nos jornais, nas obras literárias e até nas conversas entre familiares? *Exagerada* e *improdutiva*, por constituir um mecanismo de superproteção, prejudicial ao acesso do indivíduo à complexidade do mundo, o mesmo mundo onde ele terá de viver no futuro. Aliás, o acesso às informações é, em muitos casos, uma importante estratégia de prevenção de problemas, como a gravidez precoce, o alcoolismo, as infecções sexualmente transmissíveis, entre vários exemplos. Portanto, a educação, entendida como projeto de formação humana, não pode ser limitada à esfera doméstica, porque deve envolver a pluralidade e a diversidade de experiências sociais, cognitivas, culturais e afetivas. É só pelo parâmetro da multiplicidade que o indivíduo chega conscientemente à constituição singular de si mesmo.

Porque, considerando a complexidade do mundo, crianças e jovens precisam conviver entre iguais, de modo a amadurecer as possibilidades de partilhar, emprestar e doar; desenvolver valores sociais (tais como solidariedade, justiça, tolerância e empatia); vivenciar sentimentos de diversas naturezas; lidar com diferentes situações emocionais e afetivas; aprender a gerenciar conflitos; saber argumentar e defender pontos de vista próprios; conviver com diferenças; participar de práticas colaborativas; planejar a divisão eficiente de tarefas coletivas; passar de comportamentos heterônomos (fundamentados em critérios externos, muitos autoritários e manipuladores) para atitudes autônomas (pautadas por referenciais próprios); aprender sobre os valores democráticos e, sobretudo, constituir a identidade pessoal na relação com o outro, que, na prática, é sempre o "espelho" de cada um de nós.

Porque, por mais bem preparados que sejam os pais ou eventuais tutores para conduzir o processo de aprendizagem e mediá-lo com conhecimentos de diferentes áreas, não se pode comparar o reduzido repertório deles a cerca de 60 professores e educadores (em uma estimativa mínima) com quem convivem os estudantes da educação infantil ao ensino médio — profissionais especialistas em conteúdos e devidamente capacitados para as tarefas pedagógicas. Dito de outra forma, é um desrespeito à profissão docente e ao esforço de formação de educadores pressupor que pais, ainda que muito bem formados, tenham competência para instruir seus filhos na multiplicidade de temas e na diversidade de áreas de conhecimento desejáveis em qualquer projeto formativo.

Porque até mesmo a aprendizagem de matérias escolares não pode se confundir com a mera transmissão de conteúdos — no caso, o currículo estrito e prescrito, ou a seleção de conteúdos, que costuma amparar os adeptos da educação domiciliar. A construção do conhecimento, processo amplo e multifacetado, envolve frentes de formação diversificadas em situações de mediação e intermediação: problematização de ideias, compartilhamento de concepções, intercâmbio de saberes, confronto de posições, troca de experiências, elaboração e testagem de hipóteses, realização de pesquisas, participação em debates, organização e sistematização conjuntas de dados. É impossível contar com tudo isso no âmbito doméstico.

Porque, pensando na diversificação das frentes formativas aqui elencadas, é fundamental que crianças e jovens participem de situações socialmente constituídas, tais como esportes coletivos, campeonatos, feiras de ciências, estudos de campo, trabalhos colaborativos, seminários de divulgação de conhecimentos, acampamentos juvenis, exposições de arte e até mesmo festas escolares. A alternativa, quase sempre postulada pelos adeptos do *homeschooling*, de manter o ensino domiciliar e simultaneamente proporcionar experiências em clubes, escolas de idiomas ou outros círculos específicos de convivência parece contrariar a própria lógica da sua proposta. A opção de complementar os estudos com aulas paralelas é uma possibilidade insatisfatória quantitativa e qualitativamente, uma vez que não se garante nem a carga horária compatível com as vivências na escola, nem a solidez dos vínculos nela estabelecidos, tampouco o engajamento constituído em contextos mais estáveis (e menos provisórios) como os das instituições regulares de ensino.

Porque, considerando a diversidade de centros ou de eventos educativos na sociedade, não se pode desconsiderar a complementaridade deles com as iniciativas escolares, prevendo a desejável e sistemática circulação dos estudantes em bibliotecas, museus, laboratórios, ateliês de arte, exposições e quadras de esporte. A estrutura doméstica quase sempre deixa a dever para os espaços institucionalizados.

Porque a implementação do ensino domiciliar, em virtude da dificuldade de fiscalização por órgãos públicos, deixaria crianças e jovens mais vulneráveis às práticas de violência doméstica e ao abuso sexual. As exigências previstas para pais adeptos desse modelo de ensino (formação superior e inexistência de antecedentes criminais) são insuficientes tanto para garantir a qualidade do ensino quanto para proteger as crianças. A esse respeito, não é exagero admitir que as escolas, além das funções básicas de ensinar e fomentar uma formação ampla, têm-se constituído uma importante instância de defesa da população estudantil.

Porque, por mais críticas que se façam à escola, ainda não existe um substituto para ela na educação das novas gerações, o que se comprovou também no período da pandemia. Basta lembrar o imenso déficit de aprendizagem; as dificuldades técnicas e operacionais para manter o ensino virtual e mesmo o híbrido; a sobrecarga de trabalho dos pais; a inabilidade deles em manter o processo de ensino; a fragilidade social imposta aos estudantes, e sobretudo a enorme quantidade de casos de depressão infantojuvenil.

Porque, não bastassem as evidentes falhas da educação domiciliar, é preciso pensar no significado subliminar da iniciativa de segregação social. Há pais que procuram justificar o *homeschooling* pela falta de qualidade ou de segurança das escolas convencionais. Nesse caso, o ensino domiciliar, mais uma vez como alternativa superprotetora e elitista, enfatiza a lógica do salve-se quem puder: para não incorrer em riscos, as famílias, em vez de se engajarem na luta política por um ensino de qualidade, procuram alternativas individuais para os filhos — opção descomprometida com o esforço pelo *direito de todos* à educação; postura antidemocrática que certamente fere o compromisso com a construção de um mundo melhor e mais justo *para todos*.

Porque não faz sentido projetar uma nova (e duvidosa) proposta de ensino em um momento em que o país enfrenta tantas dificuldades para alavancar a educação. Nas palavras de Olavo Nogueira Filho, diretor executivo do Todos pela Educação (2022) — entidade de organização da sociedade civil em prol da educação básica —, "não é o momento de falar sobre *homeschooling*. Inacreditável que depois de dois anos de pandemia, com escolas fechadas e impactos brutais, estejamos investindo tempo nesse debate. [...] Isso vai permitir o surgimento de um mercado de escolas informais e uma desvalorização da carreira docente". Ao invés de considerar a alternativa para delegar a educação aos cuidados de pessoas menos preparadas, é necessário investir em propostas estruturantes para qualificar o ensino no Brasil.

Em síntese, as crianças e os jovens precisam de organizações institucionais; precisam de convivência com colegas e professores; precisam de experiências, espaços e oportunidades; precisam de direcionamentos múltiplos, experientes e fundamentados... tudo isso sempre no plural. Por isso, definitivamente, *homeschooling* não!

Saiba mais

BRASIL. Câmara dos Deputados. "Câmara aprova texto-base de projeto que regulamenta educação domiciliar; votação prossegue nessa quinta". Câmara dos Deputados, Brasília, 18 maio 2022. Disponível em: https://www.camara.leg.br/noticias/877076-camara-aprova-texto-base-de-projeto-que-regulamenta-educacao-domiciliar votacao prossegue nesta-quinta. Acesso em: 27 nov. 2023.

BRASIL. Supremo Tribunal Federal (plenário). "STF nega recurso que pedia reconhecimento de direito a ensino domiciliar". STF, Brasília, 12 set. 2018. Disponível em: https://portal.stf.jus.br/noticias/verNoticiaDetalhe.asp?idConteudo=389496. Acesso em: 27 nov. 2023.

BRASIL. Supremo Tribunal Federal (plenário). *Recurso Extraordinário com Agravo (ARE) 1459567*. "STF mantém inconstitucionalidade de lei de SC que autorizava ensino domiciliar". STF, Brasília, 20 out. 2023. Disponível em: https://portal.stf.jus.br/noticias/verNoticiaDetalhe.asp?idConteudo=516634&ori=1. Acesso em: 27 nov. 2023.

CHARLOT, Bernard. "A liberação da escola — Deve-se suprimir a escola?" *In*: BRANDÃO, Zaia (org.). *Democratização do ensino — Meta ou mito?* Rio de Janeiro: Francisco Alves, 1985. p. 54-67.

"CONTRA a educação domiciliar, campanha produz nota técnica sobre Projeto de Lei 1.338/2022 que tramita no Senado Federal". Campanha Nacional pelo Direito à Educação, 30 nov. 2023. Disponível em: https://campanha.org.br/noticias/2023/11/30/contra-a-educacao-domiciliar-campanha-produz-nota-tecnica-sobre-o-projeto-de-lei-13382022-que-tramita-no-senado-federal. Acesso em: 5 dez. 2023.

 "ESCOLA em casa". São Paulo: TV Folha, 10 jun. 2012. 1 vídeo (12min23s). Disponível em: https://www.youtube.com/watch?v=NP1zmwl1Y-0. Acesso em: 27 nov. 2023.

FOLHA na Sala: "O *homeschooling* é uma ameaça para a escola pública?" Podcast (32min7s). São Paulo: *Folha de S.Paulo*, 31 maio 2022. Podcast (32min7s). Disponível em: https://omny.fm/shows/folha-na-sala/o-homeschooling-uma-amea-a-para-a-escola-p-blica. Acesso em: 11 jan. 2024.

SEMIS, Laís. "*Homeschooling*: 14 perguntas e respostas". *Nova Escola*, São Paulo, 11 fev. 2019. Disponível em: https://novaescola.org.br/conteudo/15636/homeschooling-14-perguntas-e-respostas. Acesso em: 27 nov. 2023.

PARA IR ALÉM

A importância das amizades e da convivência na escola

A amizade entre colegas costuma ser particularmente significativa não só por contribuir para o fortalecimento do vínculo do aluno com a escola, mas também porque funciona como um importante fator no desenvolvimento cognitivo, afetivo e social dos alunos. *Cognitivo*, porque as crianças aprendem pela interação, pela troca de experiências ou saberes e pelas práticas colaborativas, que, em conjunto, superam e ala-

Crianças na escola... E agora?

vancam as possibilidades individuais. *Afetivo*, porque a convivência enriquece a percepção do outro e de si mesmo, a exploração de sentimentos, a busca de afinidades, a solidariedade, a tolerância, a cooperação e a empatia. *Social*, porque, no cotidiano escolar, as crianças aprendem normas de convivência social, princípios de respeito e de autopreservação, modos de participação e de solução de conflitos. Além disso, deve-se lembrar que muitas amizades estabelecidas na escola, travadas justamente em um momento especial da formação da personalidade, constituem um repertório em comum de tal importância que tendem a se prolongar por toda a vida.

4

Quando e por que entrar na educação infantil?

**Depoimentos de familiares do
"Grupo de Debates Crianças na Escola... E Agora?"**

"Não sei bem quando é o melhor momento para uma criança entrar na escola." (Clotilde, mãe de Clara, de 2 anos e 5 meses)

"Como eu preciso trabalhar, tenho que colocar minha filha o dia todo num berçário. Fico com muito dó... Será que lá vão cuidar direitinho dela?" (Júlia, mãe de Débora, de 5 meses)

"Coitadinho, ele é tão pequeno para ir à escola..." (Adelina, avó de Felipe, de 3 anos e 9 meses)

"Ele tem que ir para a escolinha para brincar." (Renato, pai de Matheus, de 2 anos)

"Meu marido acha que a gente deveria colocar a Babi na escolinha, mas eu prefiro que ela fique em casa com a babá." (Sônia, mãe de Bárbara, de 3 anos e 1 mês)

A ida de uma criança para um berçário, creche ou escola de educação infantil configura-se um rito de passagem com inevitável turbulência doméstica. Por um lado, circulam dúvidas a respeito do momento de matricular os filhos na escola — é o caso de Clotilde — e até sentimento de culpa de pais que, como Júlia, resistem a dividir com outras pessoas os cuidados com os filhos. Por outro lado, paira no ar o receio com a qualidade dos serviços das instituições educativas — situação de Sônia, que se sente mais segura com a atenção individualizada de uma babá.

Paralelamente a isso, encontram-se famílias que, por causa de concepções reducionistas sobre o potencial educativo da escola, não vislumbram o seu papel na vida da criança. Nelas se inserem Adelina, que pressupõe a condição estudantil num estágio maior de maturidade, e Renato, que defende a escola pela pura diversão.

Diante de tantas incertezas, vale destacar:

- *A relatividade de critérios para o ingresso na educação infantil* — Na impossibilidade de se definir um "momento certo", a entrada de crianças na escola é uma decisão relativamente flexível que depende da situação familiar: o fim da licença-maternidade e a necessidade de trabalho dos pais; a disponibilidade de uma pessoa responsável pelos cuidados com o bebê e de lugares seguros para a sua circulação em casa; a presença de outras crianças, e a viabilidade de brincar no ambiente doméstico. Deve-se ainda levar em conta a própria condição da criança, sua personalidade e suas demandas específicas.
- *Os incontestáveis benefícios da educação infantil* — Embora desde 2009 a educação infantil no Brasil seja obrigatória a partir de 4 anos, as experiências mostram que as crianças têm um enorme benefício ao ingressarem na escola bem an-

tes dessa idade, dadas as oportunidades significativas de socialização, desenvolvimento e aprendizagem. Difícil é mapear todas as conquistas possíveis.

- *A escola como alternativa qualificada para o desenvolvimento da criança* — Ainda que não se possa confiar em qualquer instituição educativa — o que impõe à família a necessidade de conhecer a escola e sua proposta de trabalho —, é certo que lugares especializados para receber crianças (com equipamentos apropriados, disposição física segura, profissionais competentes, rotinas e atividades devidamente planejadas) tendem a ser opções mais recomendáveis que situações improvisadas sob a atenção de leigos. Em regra, do ponto de vista da criança, é melhor uma boa escola, com profissionais qualificados e propostas direcionadas de trabalho pedagógico, do que uma babá em espaço restrito e a insuficiência ou precariedade de desafios cognitivos.

Só quando se compreende a configuração e o papel da educação infantil é que se pode avaliar com tranquilidade a decisão de matricular os filhos em determinado momento. Afinal, como ela funciona e qual é o seu propósito?

Durante muito tempo a educação infantil foi concebida, alternativamente, ora em função da prioridade de cuidar das crianças e promover brincadeiras, ora para o ensinar e o aprender. Nos extremos entre esses dois binômios, pode-se, de um lado, subestimar o papel da escola, reduzindo-a à dimensão assistencialista, atribuição que qualquer cuidadora eficiente e carinhosa cumpriria. De outro lado, também se corre o risco de superestimar aquele papel, a ponto de impor à escola um programa de conteúdos cujo rigor e intensidade acabariam por descaracterizar a natureza da primeira infância. Justificam-se aí os receios e os sentimentos de culpa que com tanta frequência acompanham as famílias.

De uma perspectiva diferente, quando se compreende a educação infantil como promotora de campos diversificados de experiências (pessoal, social, afetivo, artístico, musical, cognitivo, corporal, linguístico, relacional, imaginário e espaço-temporal), vislumbra-se uma escola orientada para os interesses, as características e as necessidades das crianças. Ratificada pela Base Nacional Comum Curricular (BNCC)[3], de 2017, essa lógica faz a educação infantil, mais que em qualquer outro tempo, fundamentar-se em princípios básicos e integrados: garantir a saúde e promover o desenvolvimento das crianças; acolher e oferecer cuidados básicos; possibilitar a brincadeira e o aprendizado; ensinar e ampliar o universo individual; respeitar individualidades e favorecer a convivência social. A intencionalidade de tantas metas se concretiza na promoção de inúmeras atividades planejadas para cada turma, de modo a dar sentido ao dia a dia escolar.

Desse ponto de vista, a educação infantil perdeu tanto o caráter assistencial (a estrita efetuação de cuidados básicos) quanto a natureza essencialmente preparatória (por exemplo, a prontidão para a alfabetização, para o ensino fundamental ou para a vida), ganhando o reconhecimento de instância educativa em sentido mais amplo.

Embora as pesquisas comprovem os inúmeros ganhos que a educação infantil possibilita para o sucesso de longo prazo em toda a vida estudantil, o mais certo é dizer que, antes disso, ela tem validade em si, como garantia imediata dos direitos de aprendizagem e desenvolvimento na infância. Para tanto, importa, como propõe a BNCC, conviver, brincar, participar, explorar, expressar e conhecer(-se).

Como tudo isso se traduz concretamente nas práticas escolares de educação infantil? De modo geral, são muitos os saberes e

---

3. Para conhecer a BNCC, visite http://basenacionalcomum.mec.gov.br.

as competências que estão em pauta nessas instituições. Nas situações de jogos e brincadeiras; na convivência entre colegas e compreensão de normas sociais; na relação com professores e apreensão das especificidades da vida institucional; nas rodas de conversa e no compartilhamento de ideias; nas vivências e na expressão de sentimentos; na escuta de histórias e no contato com diversos gêneros textuais; na fruição de experiências literárias, artísticas e estéticas; no estímulo à fantasia e à imaginação; nas práticas de dança e música, desenho e pintura; no uso de diferentes ferramentas, instrumentos e exploração de materiais para propósitos diversos; na organização de tempo e espaços; nas situações de alimentação e higiene, entre tantas outras atividades, as crianças têm oportunidades ímpares de amadurecimento socioafetivo, ampliação da autonomia, aquisição de repertório linguístico-comunicativo, apropriação cultural, explorações psicomotoras, aprendizagens específicas em diversos campos de conhecimento, além de desenvolver vínculos significativos com o universo social (particularmente com a escola) e relações positivas com o conhecimento.

Mesmo considerando todos esses méritos da educação infantil, não se pode subestimar a importância da convivência da criança com a família, o que justifica o questionamento sobre o período de permanência na escola. Quanto a isto, a decisão dos pais deve considerar algumas variáveis (possibilidades e necessidades da criança e da família).

Regra geral: se as condições domésticas forem favoráveis, em conformidade com os critérios de segurança, adequação do espaço ou dos cuidados, a criança pequena acaba por se beneficiar da escolaridade em meio período; caso contrário, sobretudo em face da necessidade de trabalho dos pais, o período integral é uma ótima opção, que merece ser assumida sem culpa.

Saiba mais

"Confira 5 benefícios do estudo para crianças na fase pré-escolar". *R7 Educação*, 1 abr. 2019. Disponível em: https://noticias.r7.com/educacao/confira-5-beneficios-do-estudo-para-criancas-na-fase-pre-escolar-01042019. Acesso em: 27 nov. 2023.

Dunder, Karla. "Qual é a melhor idade para meu filho entrar na escola?" *R7 Educação*, 31 jul. 2019. Disponível em: https://noticias.r7.com/educacao/qual-e-a-melhor-idade-para-meu-filho-entrar-na-escola-31072019. Acesso em: 27 nov. 2023.

5

A dificuldade de escolher uma escola

**Depoimentos de familiares do
"Grupo de Debates Crianças na Escola... E Agora?"**

Questionada sobre a escolha da escola para a sua filha Graziella, de 6 anos, Lucineide lamenta: "Quem é pobre como eu não tem disso, não. Tem que engolir as escolas do governo, e eu fico muito triste de não poder oferecer algo melhor para a minha filha".

Flávio e Edna procuram há algum tempo a escola ideal para o seu filho Arthur. Com apenas 4 anos e 5 meses, o garoto já passou por três instituições de ensino. Na primeira, a família toda sofreu com a dificuldade de adaptação. Na segunda, a convivência com a escola foi sendo desgastada pela constante troca de professores, o que, segundo a mãe, gerava muita "insegurança nos pais e nos alunos". A última foi descartada pela falta de transparência: "Nunca sabíamos o que acontecia ali" — queixou-se o pai. Depois de tantos problemas, eles abriram mão de matricular Arthur nas escolas do seu bairro e optaram por uma grande e renomada instituição, cotada entre as "dez mais" pela listagem do Enem. Por esse quesito, consideram ter chegado à escola perfeita: "Essa, com certeza, é de qualidade e não pode falhar pelos próximos 13 anos" — afirmou a mãe, Edna, agora aliviada.

"Quando vou ver escola para os meus filhos, não adianta eu perguntar muita coisa porque não entendo de educação. Tenho que confiar no que os professores vão fazer na sala de aula." (João, pai de Vitória, de 4 anos e 6 meses, e de Cauê, de 2 anos e 9 meses)

Entre as responsabilidades dos pais, a escolha de escola para os filhos costuma ser difícil, às vezes até desgastante, pela necessidade de lidar com fatores de ordem social, econômica, pedagógica e emocional. Isso porque, não bastassem as dificuldades para encontrar uma boa opção de ensino, o ingresso na escola marca um ritual, quase sempre o primeiro, de sair de casa, representando a passagem do âmbito familiar para a esfera social. Daí a tensão dos pais, que nesse particular se culpam pela limitação de opções ou por escolhas erradas, todos acalentados pela esperança de uma escola perfeita.

Contrariando as expectativas, deve-se aceitar o fato de que não existem escolas perfeitas. Assim como se encontram boas escolas públicas e péssimas particulares — e vice-versa —, pode-se deparar com pequenas escolas de bairro de bom nível e com grandes centros educacionais de fama bastante discutível. Na falta de garantias, importa compreender que todas as instituições estão sujeitas a inúmeros problemas. No entanto, parece certo que, quando há uma proposta pedagógica coerente, uma equipe de trabalho competente e a disponibilidade de parceria com as famílias, os efeitos de eventuais transtornos podem ser atenuados.

Se não existem escolas perfeitas, é menor ainda a chance de encontrar a "escola perfeita para toda a vida", pois as instituições podem funcionar bem em um segmento e não em outro. O aluno bem adaptado na educação infantil talvez venha a ter, por exemplo, dificuldade em outros ciclos da escolaridade. Ainda que haja escolas melhores e piores, a avaliação feita em bloco — como pressupõe Edna — é equivocada justamente pela perspectiva de longo prazo, como se o índice de sucesso de hoje pudesse ser preservado amanhã; como se o Enem fosse um termômetro absoluto de avaliação da vida escolar; como se a nota de desempenho obtida numa única prova pudesse retratar a amplitude do processo educativo; como se as opções de hoje precisassem ser feitas em função de critérios futuros distantes. Na verdade, todos esses pressupostos são muito relativos.

Assim, por melhor que tenha sido a opção inicial, é fato que a vida escolar dos filhos deve ser acompanhada o tempo todo, passo a passo, ano após ano — acompanhamento que pressupõe a proximidade das famílias com as escolas (participação em reuniões regulares e pré-agendadas ou pontuais em virtude de alguma ocorrência específica, festas, conversas e troca de ideias informais com os professores etc.) e pelo vínculo de confiança sempre renovado.

Além disso, os melhores indicativos da boa escolha e do sucesso escolar são sempre dados pelo próprio estudante: sua motivação, seu interesse, seu bom desempenho, a criação de bons hábitos de estudo, o círculo de amizades e, sobretudo, sua relação com a escola na constituição de um projeto de vida.

Apesar da provisoriedade da permanência em dada escola, alguns critérios podem ajudar a escolher uma boa instituição.

Passos para escolher uma escola

Em primeiro lugar, é bom fazer um levantamento das escolas de acordo com as necessidades básicas da família (rede de ensino particular ou pública, proximidade da residência, segmento disponível, horário compatível com as preferências). Em segundo lugar, é importante planejar visitas às escolas, de preferência em dias de funcionamento regular, para conhecer de fato a instituição. Mais que conferir o espaço físico (requisito bastante importante para crianças pequenas), os recursos disponíveis (condição essencial para a eficiência do trabalho) e o valor da mensalidade e das taxas, importa sobretudo conhecer a proposta pedagógica da escola, o que justifica o interesse de conversar com um responsável pela instituição. Deve-se lembrar que os pais, mesmo leigos no campo da educação, têm o direito de conhecer a proposta de ensino da instituição, e o diretor ou o coordenador pedagógico tem o dever de apresentar os princípios, os objetivos e a metodologia. Não há razão para os familiares ficarem constrangidos de perguntar sobre aspectos específicos do funcionamento escolar.

Por fim, é preciso considerar de modo muito especial a participação das crianças e dos jovens na seleção de uma escola. Embora essa responsabilidade seja dos pais, sem dúvida não se pode dispensar o envolvimento dos filhos em qualquer faixa etária. Levar uma criança de 2 anos para conhecer sua futura escola faz parte do processo de escolha, não só pela oportunidade de apresentar a ela o que é uma escola, como também para observar o seu comportamento naquele lugar e na relação com as pessoas da instituição. Com crianças maiores, essa coparticipação deve ser ampliada aos poucos até que, na adolescência, a escolha possa ser efetivamente partilhada entre pais e filhos.

Saiba mais

BIBIANO, Bianca. "Considerar especificidades de cada faixa etária é grande desafio na escolha da escola". Guia de Colégios, *O Estado de S. Paulo*, 30 set. 2023. Disponível em: https://publicacoes.estadao.com.br/guia-de-colegios/artigos/ensino-fundamental-considerar-especificidades-de-cada-faixa-etaria-e-grande-desafio-na-escolha-da-escola. Acesso em: 5 dez. 2023.

TV Cultura. "A escolha da escola — Como escolher a escola ideal". Entrevistadora: Andresa Boni. Entrevistadas: Silvia Colello e Deborah Bulbarelli Valentini. *JC Debate*, TV Cultura, São Paulo, 27 out. 2016. 1 vídeo (28 min). Publicado pelo canal Jornalismo TV Cultura. Disponível em: https://www.youtube.com/watch?v=0pzkfvAb3SE. Acesso em: 27 nov. 2023.

 TV Estadão. "Ranking do Enem é camisa de força, diz educadora". Entrevistadora: Carolina Stanasci. Entrevistada: Silvia Colello. Vídeo (12min5s). TV Estadão, São Paulo, 10 out. 2010. Publicado pelo canal Silvia Gasparian Colello. Disponível em: https://www.youtube.com/watch?app=desktop&v=kZsmPlAOJIc. Acesso em: 27 nov. 2023.

PARA IR ALÉM

Por que é difícil mudar de escola?

São muitos os motivos que levam os pais a mudar os filhos de escola: a transição de segmento — da educação infantil para o ensino fundamental I (EF-I), deste para o ensino fundamental II (EF-II) e, finalmente, para o ensino médio (EM); a mudança da família para outro lugar; as condições de acesso à escola, e assim por diante. No entanto, as situações caracterizadas pelo fracasso merecem maior preocupação e cuidado — reprovação, inadaptação do estudante, dificuldades de aprendizagem, desacordos sobre a proposta educacional da escola, perda de bolsa ou até a não renovação compulsória de matrícula (expulsão do aluno). Se já é difícil optar por uma boa escola, mais difícil ainda é escolher aquela que atente para situações de perda, dê continuidade à aprendizagem com coerência e sobretudo represente uma oportunidade nova para o aluno.

Seja lá qual for o caso, os critérios de seleção de uma nova escola e a transição têm de ser negociados entre pais e educadores com a necessária participação do estudante. Uma vez respeitadas as habilidades e a faixa etária da criança, é preciso dialogar, a fim de amparar as dúvidas e as inseguranças dela, explicando-lhe as condições e as expectativas quanto à nova escola. Com esse intuito é recomendável, por exemplo, garantir arranjos para que ela não perca os amigos da escola de origem; assegurar maneiras de acompanhar o ensino; informá-la sobre as regras vigentes na nova instituição de destino; arranjar uma visita para ela conhecer o novo lugar e motivá-la para as novas possibilidades. Além disso, deve-se ter em vista que toda mudança requer um tempo de adaptação.

6

A escolha de uma escola (ou da melhor escola)[4]

**Depoimentos de familiares do
"Grupo de Debates Crianças na Escola... E Agora?"**

Ao discutirem os critérios de escolha de uma escola para os filhos, Gilberto e Alice defendem a ideia de que, para "evitar surpresas", é melhor pôr as crianças numa escola conhecida. Por isso, optaram pela instituição tradicional onde ambos estudaram "a vida toda" (Gilberto, pai de Guilherme, de 8 anos e 5 meses, e de Andrea, de 3 anos e 3 meses).

Janete discorda e prefere se fiar na experiência pessoal do percurso bem-sucedido do seu primeiro filho: "Se deu certo para um, tem que dar certo para o outro" (Janete, mãe de Tiago, de 11 anos e 2 meses, e de Beatriz, de 6 anos e 1 mês).

Assim como não existe escola perfeita, não existem critérios de escolha infalíveis. Essa constatação pode dificultar ainda

---

4. Este capítulo foi ampliado e atualizado com base no artigo "A difícil escolha de uma escola para seu filho", de Silvia Colello (*O Estado de S. Paulo*, São Paulo, 1 ago. 2010, caderno Vida, p. A24).

mais a procura da melhor escola para os filhos. O próprio critério de "a melhor", que habita o imaginário da maioria das famílias, é muito discutível.

Algumas pessoas, mais cautelosas, preferem fazer a matrícula na escola onde estudaram, sentindo-se seguras pela suposta certeza de reproduzir o ensino que tiveram, como ocorre com os pais de Guilherme e Andrea. Puro engano. Os tempos mudaram, as escolas mudaram e as crianças vivem em outro mundo, razões pelas quais a ideia de reviver a bem avaliada trajetória no passado pode frustrar expectativas.

Um critério semelhante orienta outras famílias, como a de Janete, que apostam em uma concepção mais recente de sucesso. Mais um engano. O ensino é um processo singular, construído com variáveis muito específicas de cada estudante na relação com a sua subjetividade e o seu universo. Por isso, devemos levar em conta que uma escola boa para um aluno pode não ser boa para outro. Acertar na escolha da escola para um filho mais velho não garante o sucesso dos demais.

Surpreendentemente, as duas famílias, ao considerar os critérios, deixaram de mencionar o projeto da escola, que faz uma enorme diferença tanto pela dimensão pedagógica (concepções de ensino e aprendizagem e de projeto curricular) quanto pela dimensão educativa (perspectiva mais ampla de formação do indivíduo). A sintonia entre a configuração do projeto político-pedagógico-educacional (fundamentação, posturas e metas de ensino) e as expectativas da família (valores e objetivos em curto e longo prazo) é essencial para a coerência do processo formativo. Por isso, importa compreender como cada escola pretende combinar a aprendizagem de conteúdos e o desenvolvimento em valores; a preparação para o vestibular e a aquisição de espírito crítico; a fundamentação científica e o ensino religioso; o incentivo à produção intelectual e a valorização das artes, da música e da educação física. A conciliação de diferentes priori-

Crianças na escola... E agora?

dades representa um grande desafio e, convenhamos, não costuma ser a norma.

De qualquer modo, na impossibilidade de certezas ou garantias e na premência de tantas dúvidas, fica para os pais o desafio de optar criteriosamente por determinada instituição e, a partir dessa opção, assumir o encargo de acompanhar ano a ano a vida escolar de cada um dos seus filhos. Vem daí o interesse de considerar com objetividade os principais critérios de escolha, avaliando-os à luz dos seus valores, expectativas e necessidades.

Os critérios para escolher uma escola variam conforme o segmento: educação infantil (EI), ensino fundamental do 1° ao 5° ano (EF-I), ensino fundamental do 6° ao 9° ano (EF-II) e ensino médio (EM). O quadro das páginas 64 a 68 apresenta quesitos que merecem ser considerados ao escolher uma escola.

O quadro evidencia por si só a complexidade da escolha de uma escola — bem maior do que se poderia imaginar a princípio! A pluralidade de critérios e a diversidade de expectativas das famílias fazem da seleção da escola uma verdadeira análise combinatória no balanceamento de prós e contras, ganhos e perdas, custos e benefícios, desejos e possibilidades.

Apesar da prioridade de se avaliar o projeto pedagógico, no conjunto da análise alguns tópicos que talvez pareçam irrelevantes — por exemplo, os recursos de acessibilidade para pais cujos filhos não tenham deficiência — acabam sendo importantes porque dão indícios da preocupação da escola em atender as especificidades de todos os alunos. Tomados por si sós, outros tópicos sugerem certa configuração da proposta pedagógica, como o ensino apostilado e o excesso de provas objetivas, que indicam um direcionamento mais conteudista, com menor flexibilidade curricular. Por isso, cada critério merece ser considerado não como se fizesse parte de uma *checklist*, mas pelo que representa na proposta pedagógica. Fica aos pais o desafio de avaliar até que ponto cada um dos itens — interno ou externo,

CRITÉRIOS DE ESCOLHA DA ESCOLA

Critérios	O que considerar	O que observar / segmentos em que se aplicam
Necessidades da família ou das crianças	Mensalidade e custos adicionais	— Valor da mensalidade, taxa de material, custos com uniformes, livros extras, passeios previstos / todos os segmentos — Relação custo-benefício / todos os segmentos.
	Horários de funcionamento	— Compatibilidade com os horários desejáveis para a família: matutino, vespertino ou integral / todos os segmentos — Flexibilidade de horário para eventuais necessidades da criança ou dos pais / EI, EF-I — Período integral opcional / EF-I, EF-II e EM
	Distância de casa à escola; tempo do percurso	— Longas distâncias e/ou trajetos são desaconselháveis / EI, EF-I, EF-II — Segurança do percurso / todos os segmentos
	Transporte escolar (se necessário)	— Esquema de transporte / todos os segmentos — Credenciamento do sistema de transporte, particularmente do pessoal encarregado / todos os segmentos — Segurança do veículo / todos os segmentos — Percursos de ida e volta / todos os segmentos — Lotação do transporte / todos os segmentos — Organização do embarque e do desembarque na escola / EI e EF-I
Condições de segurança da escola	Segurança externa	— Policiamento ou esquema de segurança nas imediações da escola / todos os segmentos — Esquema de segurança da escola / todos os segmentos — Semáforo/farol/sinal e faixa de pedestres na porta da escola / todos os segmentos — Estacionamento na escola ou nas proximidades / todos os segmentos

Critérios	O que considerar	O que observar / segmentos em que se aplicam
Condições de segurança da escola	Segurança interna	— Existência de dispositivos de segurança interna, tais como grades ou redes nas janelas, estrutura das escadas, adequação do mobiliário, firmeza e conservação dos brinquedos do pátio etc. / EI e EF-I — Existência de enfermaria na escola / todos os segmentos— Plano para atendimento de emergência / todos os segmentos
Infraestrutura da escola	Equipamentos e higiene	— Adequação das salas de aula: dimensões, iluminação, ventilação, conservação do mobiliário, existência de carteiras e do material pedagógico / todos os segmentos — Adequação do pátio, das áreas de convivência e de recreação / todos os segmentos — Existência e adequação de brinquedos e de tanque de areia / EI, EF-I — Adequação da cozinha, do refeitório, da copa ou da lanchonete / todos os segmentos — Serviço de alimentação / todos os segmentos — Local e disposição dos banheiros / todos os segmentos — Existência de quadras esportivas cobertas e descobertas, equipamento de educação física e vestiários / todos os segmentos — Existência de laboratório de ciências e ateliê de arte e pertinência dos respectivos equipamentos / EF-II, EM — Existência e adequação de laboratórios de informática, computadores e recursos técnicos / todos os segmentos — Existência e adequação da biblioteca: tamanho, acervo, equipe de atendimento, procedimentos de empréstimo, atividades específicas das salas de leitura, espaço de estudo etc. / todos os segmentos — Existência de ambientes de apoio: salas de reuniões, anfiteatro etc. / todos os segmentos — Existência de instalações apropriadas para higiene e equipe de atendimento para troca de fralda, banho etc. / EI
	Recursos tecnológicos	— Disponibilidade, quantidade e distribuição de computadores, tablets e recursos tecnológicos / todos os segmentos

Silvia M. Gasparian Colello

Critérios	O que considerar	O que observar / segmentos em que se aplicam
Infraestrutura da escola	Recursos tecnológicos	— Disponibilidade de rede / todos os segmentos — Modos de integração da tecnologia com o projeto pedagógico / todos os segmentos
	Acessibilidade	— Estrutura de acessibilidade física e tecnológica / todos os segmentos — Infraestrutura para circulação em dias de chuva / todos os segmentos — Salas, mobiliário e banheiros adaptados para portadores de necessidades especiais / todos os segmentos e para crianças / EI, EF-I
Funcionamento da escola	Organização do cotidiano	— Calendário escolar / todos os segmentos — Normas de conduta e regras disciplinares / todos os segmentos — Horários das aulas e duração do recreio / todos os segmentos — Uniforme / todos os segmentos — Organização do lanche / todos os segmentos — Proposta de convivência e separação por faixas etárias / todos os segmentos
	Atividades extracurriculares	— Propostas de passeio, acampamento, feira de ciências, olimpíadas, estudo do meio, visita, mostra de arte ou de apresentação de trabalhos e festas / todos os segmentos — Oferta de aulas extras: línguas, artes, esportes, orientação de estudos etc. / EF-I, EF-II, EM — Programas de orientação profissional ou de apoio ao vestibulando / EM — Plantão de professores para tirar dúvidas / EM
	Adaptação dos alunos	— Estratégias de adaptação e acolhimento de alunos ingressantes / EI, EF-I — Estratégias de recepção e integração de novos alunos / EF-I, EF-II, EM — Orientação às famílias dos alunos ingressantes / todos os segmentos
Estrutura pedagógica da escola	Equipe escolar	— Organização funcional e institucional: direção, coordenação pedagógica por segmento e por área de estudo / todos os segmentos — Auxiliares de classe / EI

Critérios	O que considerar	O que observar / segmentos em que se aplicam
Estrutura pedagógica da escola	Equipe escolar	— Orientação educacional, esquema de atendimento aos pais e periodicidade de reuniões com as famílias / todos os segmentos — Equipe de apoio escolar: bedéis, auxiliares administrativos, monitores, técnicos especializados, pessoal de limpeza / todos os segmentos
	Qualificação e capacitação docente	— Critérios de contratação, exigências de formação e de experiência dos coordenadores, professores e auxiliares de ensino / todos os segmentos — Estratégias de formação continuada ou de atualização profissional / todos os segmentos
	Material pedagógico	— Qualidade dos material pedagógico / todos os segmentos — Compatibilidade entre a proposta pedagógica e o material didático adotado / todos os segmentos — Critérios de adoção de livros ou de apostilas / todos os segmentos — Critérios de adoção e qualidade do material paradidático e complementar: indicações de leitura literária, livros de apoio / todos os segmentos — Oferta e qualidade do material compartilhado em sala de aula: mapas, dicionários, instrumental de artes / todos os segmentos — Lista do material exigido por aluno / todos os segmentos
Projeto pedagógico	Princípios do trabalho pedagógico e educacional	— Metas gerais de formação cognitiva, social e afetiva / todos os segmentos — Adequação e posicionamento dos objetivos por segmento escolar e coerência entre eles / todos os segmentos — Oferta de atividades de reforço escolar e critérios de encaminhamento especializado / EF-I, EF-II, EM — Estímulo à participação dos estudantes, como mecanismos de representação e organização de grêmio / EF-II, EM — Acolhimento de alunos de educação especial / todos os segmentos

Critérios	O que considerar	O que observar / segmentos em que se aplicam
Projeto pedagógico	Metodologia de ensino	— Práticas pedagógicas previstas, estratégias de ensino e condições de cumprimento das propostas / todos os segmentos — Dinâmicas de ensino, atividades em grupo e posturas assumidas na relação professor--aluno / todos os segmentos — Organização das atividades ao longo do dia / EI, EF-I — Organização didática por disciplina / EF-I, EF-II, EM — Estratégias interdisciplinares / todos os segmentos — Atividades complementares: assembleias estudantis, monitoria etc. / todos os segmentos — Programação de projetos didáticos ou propostas específicas para orientação de estudos, incentivo à leitura e formação em valores / todos os segmentos
	Modalidades de avaliação e de acompanhamento dos resultados	— Critérios e estratégias de avaliação, acompanhamento periódico, cálculo das médias e apresentação dos resultados / todos os segmentos — Formas e sistemática de avaliação: trabalhos, testes, provas dissertativas, provas por disciplina e/ou provas integradas periódicas / EF-I, EF-II, EM — Estratégias de reforço: recuperação em sala ou em horários alternativos / EF-I, EF-II, EM — Proposição de simulados / EM — Exigência mínima de frequência / todos os segmentos — Acompanhamento do desempenho dos alunos em provas externas de avaliação e estratégia de aproveitamento desses dados para revisão do projeto pedagógico da escola / EF-I, EF-II EM
	Linhas de conduta	— Definição do papel do professor na relação com o estudante / todos os segmentos — Definição do papel da escola na relação com famílias e comunidade / todos os segmentos — Estratégias de inclusão e de apoio para alunos com deficiência / todos os segmentos — Condutas da escola em casos de comportamento inadequado / todos os segmentos — Condutas da escola nos casos de dificuldade de aprendizagem / EF-I, EF-II e EM

periférico ou essencial, pressuposto ou assumido — garante a qualidade do projeto educativo.

Saiba mais

TV Estadão Entrevista. "Como escolher a escola de seu filho". Entrevistadora: Renata Cafardo. Entrevistada: Silvia Colello. Vídeo (12min27s). TV Estadão, *O Estado de S. Paulo*, São Paulo, 17 set. 2008. Disponível em: https://silviacolello.com.br/como-escolher-a-escola-de-seu-filho. Acesso em: 27 nov. 2023.

Bibiano, Bianca. "Considerar especificidades de cada faixa etária é grande desafio na escolha da escola". Guia de Colégios, *O Estado de S. Paulo*, 30 set. 2023. Disponível em: http://tinyurl.com/42xd5s8k. Acesso em: 5 dez. 2023.

PARA IR ALÉM

O que dizer das escolas bilíngues

O ensino bilíngue pode ser uma boa opção escolar pelo óbvio objetivo de permitir aos filhos aprender outra língua e, quem sabe, dar prosseguimento aos estudos em outro país — diferenciais enaltecidos no mundo globalizado e sem dúvida uma vantagem nas esferas social, acadêmica e profissional. É ainda uma ótima opção pelo fato de que o aprendizado de um idioma estrangeiro costuma trazer a reboque a compreensão da diversidade de valores, o livre trânsito em diferentes culturas e o reconhecimento de modos alternativos de se formar como pessoa. Afinal, as línguas não são construtos estáticos, mas modos de expressão e comunicação constituídos ao longo da história, que carregam consigo maneiras de ser e de compreender o mundo. Por isso, na maior parte dos casos, o bilinguismo pode constituir uma estratégia importante em prol da diversidade de horizontes, da postura de tolerância e da convivência ética entre as pessoas.

No entanto, é preciso ter cautela: mais importante que ensinar línguas na escola é o modo como essa proposta se apresenta no plano educacional e em que condições se concretiza na vida escolar. Quando o bilinguismo aparece como principal bandeira educativa da instituição (por vezes, um verdadeiro chamariz das escolas particulares), corre-se o risco de negligenciar no projeto pedagógico outros aspectos formais e metodológicos importantes para a sólida formação dos estudantes. Além disso, no que diz respeito à seleção de profissionais, a dificuldade de contratar no Brasil bons professores bilíngues amplia o risco de se priorizar a fluência linguística do candidato em detrimento da formação pedagógica, o que é inaceitável.

7

Como as posturas pedagógicas afetam as práticas escolares?

Seja bem-vindo a uma investigação que já dura mais de 2 mil anos e não tem data para acabar. Em torno das indagações que ela provoca, estudiosos das mais diversas áreas de conhecimento humano gastaram toneladas de saliva, montanhas de papel e enorme esforço intelectual. O desafio de dois milênios pode ser resumido em duas perguntas: como o ser humano aprende? E como criar as melhores condições possíveis para que o aprendizado ocorra na escola? (Santomauro, 2010)

Na impossibilidade de situar tantos métodos de ensino e as especificidades da sua concretização em cada escola, o melhor caminho para compreender as dinâmicas de ensino-aprendizagem e as práticas escolares é situar concepções e princípios que fundamentam as posturas pedagógicas. Conhecidos como "modelos de ensino-aprendizagem", eles marcam diferentes tendências dos projetos educacionais: empirismo, inatismo e interacionismo.

Silvia M. Gasparian Colello

Empirismo

É a tendência mais próxima do que se chama popularmente de "ensino tradicional". Caracteriza-se pela transmissão de conteúdos predeterminados de professores para alunos, com a expectativa de que um dia eles sejam capazes de comprovar, tal e qual, o saber adquirido. Nesse processo de "toma lá dá cá" parte-se do princípio — absolutamente refutável — de que as crianças entram na escola num "estágio zero" de conhecimento, razão pela qual o professor se coloca como centro do ensino, o detentor do conhecimento. Aos estudantes cabe a assimilação passiva (em geral dada pela repetição mecânica e pela memorização) dos conteúdos previstos para cada etapa (bimestre, semestre ou ano letivo), deixando de lado os seus conhecimentos prévios, interesses, necessidades e realidades socioculturais. A escola pretende ser homogeneizadora e controladora — homogeneizadora na relação e na expectativa que estabelece com as crianças, como se todas fossem iguais, e controladora dos processos de aprendizagem, como se todas se desenvolvessem no mesmo ritmo, pelos mesmos caminhos, a fim de chegar ao mesmo patamar de conhecimento.

A prática pedagógica concretiza-se sobretudo por meio de aulas expositivas, apoiadas em material didático, sistema instrucional ou apostilado. O ensino, caracterizado pela abordagem conteudista, faz-se progressivamente por intermédio de um passo a passo inflexível e fragmentado do programa previsto, visando atingir metas mínimas (muitas vezes, em detrimento de "metas além" ou "metas diversas"). A didática é operacionalizada em momentos de apresentação, fixação e sistematização de conteúdos. Nas salas de aula, as carteiras costumam estar enfileiradas e voltadas para a lousa, e os estudantes devem permanecer em silêncio para (supostamente) compreenderem os tópicos ensinados. A ênfase recai sobre processos individuais de estudo, com poucas oportunidades de interação, colaboração e troca de experiências entre os alunos. As provas objetivas — questionários, exercícios, estudos dirigidos, chamadas orais e testes —, fundadas no critério dicotômico de certo e errado, funcionam como termômetro da aprendizagem de conteúdos e passaporte para a etapa seguinte.

Inatismo

O modelo inatista parte do pressuposto de que as pessoas nascem com determinado potencial ou predisposições a serem desenvolvidos, motivo pelo qual cabe aos professores "desabrochar aptidões e vocações inatas". Por isso, os alunos são considerados o centro da aprendizagem e o ensino é conduzido com base nos seus interesses, enfocando as suas habilidades e motivações. O acompanhamento da progressão é individual e o grau de aprendizagem é regulado pela autoavaliação. O ensino se concretiza com práticas pouco diretivas e em atividades organizadas junto com os alunos, na forma de contratos de estudo. As dificuldades são interpretadas como limites do próprio indivíduo — barreiras pessoais, muitas vezes intransponíveis. Assembleias de estudantes fazem a gestão das regras de convivência e das inadequações a elas.

Embora seja difícil encontrar escolas inatistas típicas, como a Summerhill da Inglaterra[5], o princípio apriorístico de que a natureza pessoal condiciona as contingências de ensino e aprendizagem costuma aparecer de modo difuso em muitas escolas e no imaginário de pais e professores, como nas seguintes diretrizes: "promover o desabrochar das crianças", "dar liberda de para escolher e decidir o que aprender", "respeitar o poten-

---

5. A Summerhill School (https://www.summerhillschool.co.uk), fundada em 1921 pelo educador escocês Alexander Neill (1883-1973), foi uma das pioneiras entre as escolas democráticas, movimento difundido em vários países. Para saber mais, veja Appleton (2017).

cial de cada aluno", "cuidar para não coibir o desenvolvimento natural", "compreender as dificuldades de aprendizagem como limites em decorrência das possibilidades de cada um".

Interacionismo

Esse modelo (escolas que, com diferentes referenciais, nuances teóricas e ênfases didático-pedagógico, ficaram conhecidas como construtivistas, sociointeracionistas ou socioconstrutivistas) parte do princípio de que todos podem aprender, já que o ser humano é ativo na aprendizagem (Macedo, 2002). Como as crianças não são indiferentes ao mundo que as rodeia, desde muito cedo procuram entender os objetos da sua cultura, tecendo hipóteses e concepções sobre eles. As evidências disso são claras, pois afinal, mesmo vivendo em ambientes informais — como o próprio círculo familiar —, as crianças aprendem a falar, a relacionar causa e efeito, tempo e espaço, compreendem normas sociais e o funcionamento de brinquedos ou de aparelhos domésticos etc. Portanto, a construção do conhecimento está estreitamente ligada às experiências pessoais e às informações disponíveis, isto é, o saber das crianças depende de oportunidades que elas tenham para lidar com objetos, conteúdos e campos de conhecimento. Os eventuais limites são nada mais que convites à superação, motivo pelo qual o desafio do professor é sempre conciliar os processos de ensino com os de aprendizagem. Vem daí a necessidade de considerar os pontos de vista e os percursos do aprendiz e admitir que as crianças pensam por diferentes vias, mas sempre de modo intelectualmente ativo, mesmo que suas respostas se distanciem do saber convencional. Dito de outro modo, os erros e as dúvidas, gerando contradições e impasses, configuram-se para os sujeitos como verdadeiros conflitos cognitivos que, na maior parte das vezes, fazem parte de caminhos para o acerto, tal como nos ensinou o psicólogo suíço Jean Piaget.

Partindo dos conhecimentos prévios das crianças, cabe à escola ampliar, direcionar e sistematizar as oportunidades de aprendizagem por meio de questionamentos, desafios, experimentação, resolução de problemas, debates, troca de informações e processos reflexivos. Valendo-se de pesquisas, projetos de trabalho, propostas de construção (protótipos, experiências, atividades concretizadas por meio de apresentações, teatro, festas, exposições etc.) e sobretudo práticas interativas e colaborativas, os professores criam situações potentes para a elaboração mental interna, que amplia o conhecimento. As atividades, contextualizadas e significativas, são ao mesmo tempo suficientemente fáceis de enfrentar e executar e suficientemente difíceis de despertar conflitos cognitivos, isto é, levam as crianças a lançar mão de estratégias de aprendizagem variadas, assumindo o protagonismo do processo cognitivo. Tornam-se cativantes e intelectualmente desafiadoras, suscitando o gosto pelo saber.

Assim, a organização da relação das histórias lidas pelo grupo e mesmo o projeto de elaborar um livro em sala de aula podem dar sentido ao processo de alfabetização; a apresentação de um seminário sobre animais é suficiente para motivar estudos sobre as diferenças entre aves, mamíferos e répteis; a montagem de uma maquete favorece a representação mental sobre vales, rios, montanhas e vulcões; a prática de jogos de tabuleiro ajuda a justificar a adição e a subtração dos pontos obtidos; os estudos do meio subsidiam a compreensão das relações entre natureza e ocupação humana. Com estratégias como essas, a escola, mais que viabilizar a aprendizagem de conteúdos, acaba por estimular a curiosidade, despertar o gosto pelo conhecimento, incentivar o hábito de leitura, forjar uma postura investigativa, incentivar a familiaridade com os procedimentos de pesquisa e fortalecer a convivência social. As crianças não só aprendem, como aprendem a aprender. O quadro a seguir sintetiza as principais ideias das posturas pedagógicas e permite compará-las.

Silvia M. Gasparian Colello

MODELOS DE ENSINO-APRENDIZAGEM

	Empirismo	Inatismo	Interacionismo
Aprendizagem	Domínio de conteúdos específicos das disciplinas escolares, o que depende de informações externas (aulas ou material didático) e se concretiza pela memorização ou reprodução de informações.	Processo de conhecer a si mesmo, visando o próprio desabrochar. Desenvolvimento de predisposições internas, que se revelam como interesses pessoais, dons ou habilidades inatas.	Processo de elaboração pessoal a partir de experiências, interações, resolução de problemas, pesquisas e reflexões que permitem ampliar as relações com o mundo, articulando saberes, competências, habilidades e valores em diferentes campos do conhecimento
Ensino	Métodos ou práticas pedagógicas organizadas passo a passo para transmitir conteúdos preestabelecidos pela escola.	Promoção de experiências com base nos interesses do aluno, para que tenha a oportunidade de explorar os seus potenciais e descobrir as suas habilidades.	Promoção de experiências e oportunidades de construção cognitiva para que os alunos troquem informações, busquem novos conhecimentos, testem hipóteses, estabeleçam relações e aprendam a aprender.
Posição do professor	Detentor dos conteúdos e centro da educação, já que controla a transmissão, a progressão e a avaliação dos saberes por meio de intervenções diretivas.	Facilitador da aprendizagem, porque viabiliza situações pedagógicas apropriadas para os alunos, ao mesmo tempo que acompanha a progressão deles por meio de intervenções não diretivas.	Problematizador da realidade, desafiando os alunos a pensar e produzir conhecimentos por meio de intervenções planejadas para eles, isto é, com base nos seus saberes, concepções prévias e conflitos cognitivos.
Posição do aluno	Passiva, de assimilação do que lhe é transmitido.	Individualista, centrada em seus interesses, possibilidades e limites.	Ativa e colaborativa, por comportar-se como efetivo construtor do conhecimento a partir das interações em classe.

A caracterização dos modelos de ensino-aprendizagem é relevante especialmente para termos critérios e podermos vislumbrar, acompanhar e avaliar as propostas de trabalho proclamadas pelas escolas. Ainda que, na prática, as fronteiras entre os modelos se mostrem difusas e até misturadas (é difícil delimitar uma conduta na sua forma mais pura), as perguntas que devem prevalecer são: o que predomina na sala de aula? Como cada escola garante no dia a dia a realização de princípios e a coerência do processo educativo?

> **Saiba mais**
>
> COLELLO, Silvia. "Modelos de ensino — Das concepções docentes às práticas em sala de aula". Videoaula (20min56s). E-aulas USP, cursos Ética, Valores e Saúde (Univesp, 2011) e Ética, Valores e Cidadania (Univesp, 2012). Disponível em: https://silviacolello.com.br/videoaula-modelos-de-ensino-das-concepcoes-docentes-as-praticas-pedagogicas. Acesso em: 27 nov. 2023.
>
> _____. "Princípios e cenários da educação infantil". In: BONIEK, Israel; ROMAGNANI, Patricia; SHUDO, Regina (orgs.). *Saberes de educação infantil*. Capinzal: Instituto Infâncias, 2003. p. 16-29.
>
> _____. "Revendo paradigmas: modelos de ensino e aprendizagem". Videoaula (20min53s). Disciplina Linguagens na Educação — Conteúdos, formas e relações na escola, curso Repensando o Currículo. Faculdade de Educação da Universidade de São Paulo, Núcleos de Apoio à Pesquisa/Instituto Iungo, 10 abr. 2021. Publicado pelo canal Programas Repensando o Currículo e Ativar! Disponível em: https://silviacolello.com.br/revendo-paradigmas-modelos-de-ensino-e-aprendizagem. Acesso em: 27 nov. 2023.

PARA IR ALÉM

Existem disciplinas mais importantes na escola?

Pela tradição escolar, as disciplinas de Língua Portuguesa e Matemática são as mais valorizadas, o que se reflete na própria organização dos currículos, nos sistemas internos e externos de avaliação e, ainda, na expectativa de pais e educadores quanto ao desempenho dos estudantes. Por isso, as famílias costumam se preocupar mais quando as crianças não vão bem nessas disciplinas do que quando colhem resultados insuficientes em Artes e Educação Física, disciplinas quase sempre consideradas complementos do currículo. Como reflexo disso, desde muito cedo, os próprios alunos assimilam o princípio de hierarquização de disciplinas e, de alguma maneira, são afetados por ele, apresentando desequilíbrio no modo como se disponibilizam para as atividades, como se dedicam a elas e até como avaliam o seu percurso em conquistas e aprendizagens.

Em oposição a essa tendência, cresce o número de estudos (Góes e Mendes, 2023; Santos e Caregnato, 2019; Silva et al., 2020) que, criticando o cunho tecnicista e conteudista da escola, advogam a relevância da diversidade de disciplinas em nome da formação plena e humanizadora dos estudantes. Ainda que com cargas horárias diferentes na grade curricular, não há razão para subestimar algumas matérias em benefício de outras. Como principal argumento em favor da valorização de todas, os educadores apontam para a necessidade de iniciar as crianças em diversos campos do conhecimento — a herança cultural a que elas têm direito —, investindo em saberes, competências e habilidades variados a fim de ampliar seus horizontes.

Diretamente ligada a essa amplitude de estímulos está a necessidade de fomentar a visão interdisciplinar e integrada do mundo, tendo em vista que a divisão estanque das disciplinas é uma construção epistemológica e didática estranha aos fenômenos sociais e naturais. Afinal, como separar a língua da história e a história da arte? Além da esfera individual, o que se almeja é o compromisso político de viabilizar a participação dos sujeitos em diferentes esferas, dando sustentação à elaboração da sociedade democrática.

Aliás, é preciso questionar a rigidez do conjunto de disciplinas escolares estabelecidas, certamente uma redução de tantos outros saberes que poderiam contribuir para a educação. Pode-se mencionar a esse respeito muitas outras disciplinas que, em alguns casos, são incorporadas nos currículos escolares com bons resultados, como Educação Sexual, Educação Financeira, Educação Religiosa, Meio Ambiente, Tecnologia e Robótica, Orientação de Estudos, Iniciação à Pesquisa etc.

Da perspectiva da escola, permanece o desafio de compor um currículo capaz de atender às necessidades de desenvolvimento físico, cognitivo, acadêmico, científico, emocional, linguístico, artístico e social dos estudantes. Da perspectiva de pais e familiares, permanece a necessidade de compreender a relevância e a amplitude da proposição de diversas disciplinas, assim como o tratamento delas em perspectivas transversais e interdisciplinares.

8

Primeiros dias na escola: acolhimento ou adaptação?

**Depoimentos de familiares do
"Grupo de Debates Crianças na Escola... E Agora?"**

"Quando a minha filha foi para a escola, nem sei quem chorava mais, ela ou eu" [risos]. (Lucineide, mãe de Graziella, de 6 anos)

"Para mim, a adaptação do Jonas na escola foi uma grande surpresa. É que o Cristiano, meu enteado, tinha chorado tanto que eu até me preparei para muito chororô, mas ele logo entrou na sala, começou a brincar e depois me dispensou, dizendo que eu podia ir para casa." (Taís, madrasta de Cristiano, de 8 anos, e mãe de Jonas, de 4 anos e 3 meses)

Georges Gusdorf (2002), importante filósofo francês do século 20, dizia que bastam algumas horas na escola para mudar toda a concepção de mundo da criança. Isso porque, ao vislumbrarem um ambiente institucionalizado com outra lógica e outra estrutura — diferentes relações pessoais e configurações de tempo, espaço, rotina e atividades —, os pequenos deparam com uma realidade completamente diferente do ambiente familiar. Na prática, a vida doméstica como única referência de vida (portanto, naturalizada) desloca-se para um dos planos possíveis de existência e a criança é convidada a lidar com novos apelos e com uma lógica de funcionamento diferente. Nesse contexto tão peculiar, estão em jogo não apenas a ampliação das esferas sociais como também o vínculo com a escola e a relação com o saber, aspectos decisivos para toda a vida estudantil.

Ainda que as reações e os sentimentos relativos ao ingresso na vida escolar (motivação, surpresa, curiosidade, insegurança, medo, desamparo ou solidão) sejam bem conhecidos dos educadores e previstos pelos pais, parece difícil determinar com uma só palavra o papel da escola na relação com o aluno. Mais frequente, o termo "adaptação" soa descabido, porque pode remeter à ideia de submissão da criança a um lugar já constituído e inflexível. Menos utilizada, a alternativa "acolhimento" sugere uma recepção até carinhosa da escola, mas, pela conotação de um estado da criança — como ela é e o modo como chega —, acaba por diluir sua dinâmica de ação e reação, isto é, o fato de que ela, muito rapidamente, também se transforma nesse novo ambiente. Seja qual for a opção terminológica, o sentido essencialmente dialético da constituição das relações no novo espaço (escola-família, escola-aluno, crianças entre si, crianças-atividades escolares) corre o risco de se perder caso não seja bem compreendido e problematizado.

Do ponto de vista das famílias, cabe questionar se estão seguras ao optarem por determinada escola. Em geral, a hesitação dos pais, que oscila entre a intranquilidade, a culpa e a incerteza, costuma se refletir em comportamentos de resistência das crianças à escola. Além disso, é comum encontrar pais superprotetores, cuja dificuldade para conceber a vida institucional da escola gera confusão entre a importância de contemplar as

Crianças na escola... E agora?

necessidades do grupo de alunos e as práticas de tratamento individualizado, como se a professora fosse apenas uma babá a serviço do filho deles. Assim, é preciso compreender que, embora as necessidades individuais mereçam atenção, o projeto pedagógico das escolas não concerne a um aluno em particular, mas a uma proposta educativa arquitetada com base em concepções, metas, projeto curricular, diretrizes metodológicas e práticas de ensino para grupos de estudantes.

Do ponto de vista das escolas, importa perguntar em que grau a instituição como um todo é sensível ao perfil da comunidade atendida, sendo capaz de se ajustar às características, demandas e especificidades do seu público. Com tal objetivo, deve-se valorizar os canais de escuta, as estratégias de aproximação e a disponibilidade para o diálogo constante com as famílias, todos eles indissociáveis do trabalho realizado pela escola.

Do ponto de vista dos alunos, resguardadas as possibilidades de diferentes faixas etárias, é preciso conhecer suas expectativas, assim como considerar as conversas (uma verdadeira negociação) entre pais e filhos sobre a ida à escola. Os focos dos discursos "você precisa ficar na escola para eu trabalhar", que mais configura uma imposição externa autoritária (eventualmente até compreendido como abandono), e "eu vou levar você à escola para você conhecer pessoas legais, aprender coisas novas e participar de muitas brincadeiras", que é um argumento de esclarecimento de propósitos e de motivação pessoal, são diferentes por completo e costumam gerar, respectivamente, reações de menor e maior adesão da criança à vida escolar.

A despeito de tantas variáveis, as tensões relativas ao ingresso na escola costumam ser resolvidas pelo simples fato de que a escola vem ao encontro das necessidades e dos interesses da criança. Como ser ativo e curioso para compreender seu mundo e, ainda, ávido por vivências lúdicas e sociais, ela encontra na educação infantil um espaço particularmente atrativo. Mesmo assim, é preciso preparar-se para desfechos inesperados. Crianças tidas como tímidas e apegadas aos pais podem logo se familiarizar com a escola; outras, que parecem ansiosas para explorar novos ambientes e conviver com os colegas, talvez levem mais tempo para se sentir à vontade. Há ainda alunos que, mesmo conhecendo a vida escolar, ao mudarem de instituição, de sala ou de professora sentem dificuldade para se ajustar à nova situação.

Dados os significados desse momento de transição de casa para a escola — um verdadeiro rito de passagem! — ou de uma escola para outra e conhecidos os sentimentos que acompanham essas mudanças, não parece exagero perguntar: como se preparar e como preparar os pequenos para tantas novidades?

O ponto de partida é formar um estado de segurança, o que, para os pais, passa pela confiança na instituição e, para os filhos, passa pela conversa sobre o ingresso na escola, as condições de frequência e principalmente a criação do vínculo com a professora, quesito-chave para o bem-estar da criança na escola. Seguindo esses princípios, as estratégias a seguir merecem destaque.

- Orientação prévia da escola aos pais sobre as estratégias e o programa de atividades nos primeiros dias na escola, assim como o esclarecimento de eventuais dúvidas.
- Devolutivas dos professores aos pais sobre o comportamento da criança nos dias iniciais de escola.
- Período reduzido e progressivo de permanência da criança na escola.
- Liberação de objetos que contribuam para a segurança da criança (chupeta, mamadeira, bichos de pelúcia etc.), ainda que tenham de ser retirados da sala de aula em curto prazo.
- Incentivo para trazer de casa objetos que possam contribuir para as atividades comuns da escola, como livros, fotos para compartilhar num painel de classe ou alimentos para incrementar o lanche do grupo.

Crianças na escola... E agora?

- Oferecimento de atividades diversificadas (desenho, massinha, jogos pedagógicos, brincadeiras no tanque de areia etc.), distribuídas em cantos da sala e áreas externas para favorecer o livre trânsito das crianças e o reconhecimento dos ambientes ou de pessoas, evoluindo progressivamente (mas sem prejuízo de oportunidades livres) para atividades mais centralizadas (contação de histórias, teatrinho etc.).
- Disponibilização, na medida do possível, de pessoal de apoio (professoras auxiliares e cuidadoras) que possa intermediar as atividades, dando atenção sobretudo aos alunos mais inseguros.
- Permanência de um dos pais (ou de uma pessoa de confiança) na escola, mas evitando a sua interferência direta nas atividades da sala de aula.
- Combinados claros sobre a permanência dos pais na escola, evitando sua saída sem o conhecimento dos filhos, o que pode comprometer a relação de confiança.
- Apresentação da rotina escolar à criança, indicada pela sequência de atividades, que é a melhor forma de os pequenos vislumbrarem a organização do tempo.
- Respeito aos horários de entrada e saída da escola.
- Manutenção da rotina da criança nos horários fora da escola (sono, alimentação etc.), já que outras mudanças nesse período podem ampliar as tensões.
- Organização dos objetos escolares (lancheira, uniforme etc.) realizada com a criança, contando com o fato de que a preparação externa propicia a disposição interna do sujeito para enfrentar o novo.
- Conversas dos familiares com a criança, dando-lhe a oportunidade de falar da escola, dos seus sentimentos, das atividades e dos colegas, a fim de valorizar as suas conquistas e os novos conhecimentos. O diálogo é sempre um recurso que viabiliza a elaboração interna em face de situações novas.

Além de todos os cuidados para aliviar as tensões das crianças, é importantíssimo respeitar o seu tempo de assimilação da nova rotina, sabendo que o período para elas se familiarizarem com a escola é passageiro e os resultados são indiscutivelmente muito compensadores.

Saiba mais

BASILIO, Andressa. "Adaptação na escola: 12 dicas para passar pelo processo". *Crescer*, globo.com, 26 ago. 2015. Disponível em: https://revistacrescer.globo.com/Criancas/Escola/Volta-as-aulas/noticia/2014/01/12-dicas-para-passar-pela-adaptacao-sem-traumas.html. Acesso em: 27 nov. 2023.

NINHOS DO BRASIL. "Adaptação escolar: como ajudar a criança em cada fase". Ninhos do Brasil, 20 abr. 2022. Disponível em: https://www.ninhosdobrasil.com.br/adaptacao-escolar. Acesso em: 27 nov. 2023.

PARA IR ALÉM

Por que o agrupamento nas turmas escolares gera confusão?

Ainda que as regras de ingresso nos segmentos escolares sejam determinadas por diretrizes oficiais da secretaria de educação, o agrupamento das turmas por faixas etárias costuma gerar polêmica.

Em primeiro lugar, porque a "data de corte" — 4 e 6 anos completos até 31 de março respectivamente para a educação infantil e ensino fundamental — sempre parece uma injustiça para as crianças que estão no limite da idade. Nesses casos, os pais costumam questionar: "Meu filho vai perder um ano só porque nasceu um dia depois da data-limite dessa classe?" ou "Ele vai ser o mais velho da turma?" e, ainda, "Se ela for a mais nova do grupo, não vai correr o risco de ficar em desvantagem?"

Em segundo lugar, porque, mesmo que a criança esteja bem situada na faixa etária da sala, alguns critérios considerados naquele momento — uma habilidade conquistada, um conteúdo já aprendido ou uma diferença no porte físico, por exemplo — parecem justificar a demanda da

Crianças na escola... E agora?

família de colocá-la em outra turma (em geral, mais avançada). Afinal, pode parecer uma perda de tempo matricular uma criança já alfabetizada na turma do 1º ano, no qual justamente se ensina a ler e escrever. No entanto, é preciso admitir que as experiências vividas nesse ano letivo superam em muito a aprendizagem da língua escrita. Em outras palavras, além de saberes específicos, a vida escolar, como processo educativo, envolve uma infinidade de fatores, tais quais conhecimentos de outros campos, grau de autonomia, momento de socialização, relações afetivas, desenvolvimento motor, linguístico e emocional etc. Em outro plano de argumentação, pode-se lamentar a condição de um aluno que, por ter-se adiantado no primeiro ano, vê-se obrigado a viver uma adolescência precoce ao conviver com colegas mais velhos no ensino fundamental II e no ensino médio ou chegar às portas da universidade completamente perdido. Em síntese, um estado específico de adiantamento em dado momento da vida não deveria ser motivo para forçar um avanço por toda a vida.

Nos anos subsequentes, enquanto os educadores se empenham fazendo estudos e planejamentos sobre a maneira mais produtiva de compor as classes com base em critérios pedagógicos, afetivos e sociais, muitos familiares questionam as decisões de agrupamento porque prefeririam que seus filhos convivessem ou não convivessem com determinados colegas. Para lidar com esse impasse, pode-se lembrá-los da complexidade dos fatores envolvidos e da importância de proporcionar novas amizades e diversas formas de contato social no dia a dia da escola. Enfim, a diversidade na convivência também promove inúmeras aprendizagens e possibilidades de maturação.

Considerando situações e argumentos diferentes, vale insistir na ideia de que os critérios de agrupamento — por faixa etária e razões educativas — devem, sim, ser respeitados.

9

Criança que vai para a escola fica mais doente?

Depoimento de familiar do
"Grupo de Debates Crianças na Escola... E Agora?"

"A minha filha se desenvolveu muito bem na escolinha. Está mais falante e independente, conta muitas coisas e faz perguntas engraçadas. Fez novos amiguinhos e está aprendendo a dividir os brinquedos. O único problema que eu vejo são as doenças. Às vezes tenho a impressão de que, junto com a matrícula, veio um pacote de gripes e viroses. Não aguento mais ter tanta tosse em casa! Quando será que isso vai melhorar?" (Sônia, mãe da Bárbara, de 3 anos e 4 meses)

Uma das maiores preocupações dos pais de crianças pequenas é o comprometimento da saúde: as doenças parecem aumentar com o ingresso na escola. Será que essa queixa tem fundamento? Convidamos o pediatra Sergio Sarrubbo[6] para

---

6. O pediatra Sergio Antonio Bastos Sarrubbo formou-se há 49 anos pela Faculdade de Medicina da Universidade de São Paulo. Vinculado à disciplina de Pediatria Preventiva e Social no Instituto da Criança, é diretor técnico do Hospital Infantil Darcy Vargas, na cidade de São Paulo, que atende casos de saúde mais graves.

esclarecer a respeito dos riscos e dos cuidados com a saúde na fase pré-escolar. Com vasta experiência em hospitais e consultório particular, o dr. Sergio faz questão de justificar o seu compromisso também com o serviço público — para ele, um modo de retribuir à sociedade todo o seu percurso estudantil e acadêmico em instituições estaduais.

Silvia Colello — Como você explica o papel do pediatra nos dias de hoje, lidando com as crianças e orientando as famílias?

Sergio Sarrubbo — Depois de cinco décadas atuando como pediatra, vivo a curiosa situação de atender hoje os filhos dos meus primeiros pacientes. Passado esse tempo todo, o que posso dizer é que as situações atuais da criança, da família e da própria medicina são completamente diferentes. Muitas vezes eu me questiono: "Como eu fazia no passado coisas que hoje abomino?" Por exemplo, quando me formei, a gente dava para crianças com menos de 1 ano leite de vaca diluído e engrossado com creme de aveia ou amido de milho. Era o jeito de o bebê não ter fome. Hoje, não dá nem para pensar em dar leite de vaca a essas crianças. As alergias, as diarreias crônicas, as intolerâncias nos fizeram mudar as linhas de conduta. O mesmo aconteceu com a introdução de outros alimentos. Antes, era costume introduzir sopinha aos 3 meses de idade; agora, isso é inadmissível até os 6 meses de vida.

A medicina, por sua vez, virou refém da indústria farmacêutica e, de alguma forma, acaba por impingir uma variedade de medicações para situações básicas, que, na rotina da puericultura, seriam resolvidas com poucos remédios. Além disso, muitos medicamentos — como o diclofenaco —, que foram considerados campeões de vendas nacionais, hoje não podem mais ser ministrados em razão de problemas renais, intestinais etc.

A evolução da medicina nos fez considerar que estamos sempre aprendendo. Às vezes eu penso que nós, médicos, não sabemos nada. O papel do pediatra é, portanto, ser o observador de um conjunto de fatores para adaptar a criança ao novo meio em que ela vive. Não existem regras fixas: cada opção ou linha de conduta deve ser testada e discutida; cada caso é um caso.

SC — Do ponto de vista da saúde, existe uma idade melhor para entrar na escola?

SS — É difícil estipular uma idade ideal porque não se pode desconsiderar os inúmeros fatores presentes na decisão de colocar uma criança na escola, como ocorre com as mães que precisam trabalhar. Cada vez mais, bebês com 3 meses de idade, mal amamentados ainda, acabam indo para a creche. Muitas pessoas não têm outra opção. Independentemente das necessidades da criança, temos de ponderar os diferentes contextos, as necessidades específicas das classes sociais e de cada família. São inúmeros os fatores que justificam a ida para a escola: a falta de alguém para cuidar do bebê, a necessidade de estimulação, o trabalho dos pais, as dificuldades financeiras, a destruição do núcleo familiar, os ambientes marcados por violência e agressão... No meu tempo, íamos para a escola com 7 anos. Hoje, muitas pessoas, até mesmo os próprios pediatras, dizem que a criança deve ir à escola com 2 anos para se socializar. É a realidade do nosso mundo e dos novos tempos!

SC — As crianças que entram na escola correm maior risco de ficar doentes. Verdade ou mito?

SS — É inegável que as crianças até 5 anos são mais predispostas a infecções. Do ponto de vista imunológico, são mais fragilizadas justamente por estarem expostas a uma infinidade de antígenos, mas é preciso compreender como cada organismo reage a isso. Quando a mãe se preocupa com o filho que vive resfriado, eu digo que temos de avaliar o desenvolvimento dele como um todo e o seu histórico de crescimento. No primeiro ano de vida, a criança tem seus estímulos próprios de vacinação (a proteção que a mãe passou para o feto pelo sangue), mas, com o tempo, essa defesa começa a se esvair, razão pela qual precisamos entrar com as vacinas, garantindo o sistema de proteção da criança. Os vírus estão se multiplicando e as defesas precisam se formar pela exposição a eles. Por que a criança toma mais vacinas até os 4 anos? É exatamente porque o organismo tem de "aprender" a se defender.

É verdade que as doenças imunológicas existem naturalmente; é verdade também que existe gente, pela própria constituição, com maior sistema de defesa. No entanto, como eu disse, temos de considerar as especificidades dos diferentes casos, porque cada criança está exposta a determinadas condições. Por exemplo, algumas escolas que funcionam em imóveis adaptados, cercados de prédios por todos os lados, sem exposição solar, sem ventilação adequada, com classes pequenas e superlotadas, acabam sendo ambientes bastante insalubres, que obviamente favorecem a proliferação de doenças.

SC — Quais são os problemas de saúde mais frequentes nas crianças que entram na escola?

SS — Do nascimento aos 5 anos prevalecem as doenças respiratórias. Basta ficar na porta de um pronto-socorro que já se comprova esse fato: os menores chegam com quadros de gripe, tosse, nariz escorrendo ou dificuldade de respirar; já os maiores vão lá porque caíram da bicicleta ou sofreram algum acidente etc. Independentemente dos tratamentos, de todas as rezas e simpatias que tenham sido feitas, a partir dos 5 anos a grande maioria das crianças fica menos doente.

Na fase pré-escolar, o que mais deixa os pais desesperados é a tosse. O duro é explicar a eles que não se deve inibir a tosse porque ela é um mecanismo de defesa para que o catarro não se acumule no peito. Mais difícil ainda é explicar que não precisa tomar xarope porque, nesse caso, as melhores condutas são tomar água e fazer um "banho de vapor" para fluidificar a secreção. Por mais que o pediatra diga isso, sempre tem uma

Crianças na escola... E agora?

comadre que vai indicar um xarope "milagroso", especialmente indicado por ser — supõe-se — natural, fitoterápico, homeopático etc. Muitas vezes, os pais já chegam ao consultório com uma sugestão pronta, querendo dar antibiótico ou corticoide para resolver logo o problema. O que se observa aí é a pressão para tomar remédio, sem dúvida efeito das campanhas da indústria farmacêutica ou da aflição dos pais.

SC — O que os pais ou as escolas podem fazer para diminuir esses riscos?

SS — A puericultura [acompanhamento da saúde física e mental e da higiene de crianças até a puberdade] é extremamente importante, aliada à alimentação correta e ao esquema de vacinação. Hoje, um sério problema são as pessoas contrárias às vacinas, muitas vezes copiando gente de fora, por exemplo, alguém que, nos Estados Unidos, ganhou destaque na mídia rejeitando a vacina e passou a ditar um modismo maluco.

Fora isso, vale lembrar o velho ditado: "Em casa em que bate sol pediatra não entra". Assim, a queixa deve recair um pouco — e também — nos engenheiros: quando você imagina um ambiente adequado para a criança, deve prever um lugar com sol, ventilação, sem mofo nem confinamento. A adaptação das escolas de hoje é muitas vezes terrível e acaba por facilitar as doenças. Ao mesmo tempo, vejo que os mantenedores de escolas se preocupam em criar detalhes para agradar aos pais, como as câmeras para a mãe ficar vendo o seu filho na escola. Ora, esse tipo de recurso cria uma condição de dependência inconveniente, a sensação de estar sendo permanentemente vigiado. Em síntese, a construção, a ambientação, a higiene e as regras de prevenção são fatores superimportantes nas escolas.

Outro aspecto fundamental para diminuir os riscos de saúde na escola: criança doente deve ficar em casa. Basta considerar a lição da pandemia. Como as crianças ficaram em casa, baixou o número de doenças, embora, pelo isolamento, elas tenham adquirido outros problemas complicados de recuperar: dificuldade de socialização, insegurança, fobias... Enfim, esse foi um período muito dramático para todos e particularmente para as crianças.

SC — O ingresso na escola afeta os hábitos de alimentação?

SS — As escolas estão mudando bastante com o objetivo de incentivar a alimentação saudável. Muitas proíbem salgadinhos, refrigerantes, doces industrializados etc. A própria mídia vem divulgando os benefícios da boa alimentação e das atividades físicas, o que também ajuda a conscientizar as pessoas. Mesmo assim, também tenho visto situações emblemáticas. Nas cantinas das escolas tem sempre alguém para vender coxinha e empadinha. Muitas famílias que incentivam bons hábitos de alimentação para os filhos são boicotadas por crianças que trocam o lanche com os colegas: o pão integral com queijo branco pelo saquinho de salgadinhos. Muitas vezes os próprios pais são culpados, porque parece mais cômodo colocar na lancheira dos filhos alimentos industrializados, o que também reflete os hábitos alimentares da família.

Eu vejo também casos contraditórios: pais reclamando que os filhos não comem frutas, quando eles mesmos não comem frutas e moram em casas onde nem há fruteira. A preocupação com a boa alimentação, hoje em dia, está lado a lado com crianças cada vez mais fãs dos aplicativos de entrega de comida. Outro dia vi uma mãe preocupada com a sua filha de 10 anos que supostamente vinha comendo mal, mas o acompanhamento clínico da menina indicava que ela estava engordando cerca de um quilo por mês. Ora, quem, afinal de contas, compra os chocolates e os biscoitos recheados, quem leva as crianças às lanchonetes de *fast food*? Então, é preciso acompanhar as crianças, entender seus contextos de vida para se ter uma compreensão mais ampla do que está acontecendo com cada criança. Como eu disse, cada caso é um caso e merece ser acompanhado.

Crianças na escola... E agora?

Saiba mais

ALEXANDRINO, Bia. "Pediatra da Sesau explica por que as crianças adoecem mais depois que entram na escola". Secretaria de Estado da Saúde de Alagoas, 2 mar. 2023. Disponível em: https://www.saude.al.gov.br/pediatra-da-sesau-explica-por-que-as-criancas-adoecem-mais-depois-que-entram-na-escola. Acesso em: 27 nov. 2023.

10

Uma boa escola é escola boa para todos?

**Depoimento de familiar do
"Grupo de Debates Crianças na Escola... E Agora?"**

"Não entendo... Colocamos o Caio na escola com a certeza de acertar. Meu marido e eu, que há muito tempo estudamos lá, temos as melhores recordações dessa escola. Mas não é só a referência do passado... Temos acompanhado o Lucas, meu filho mais velho, que estuda lá e adora. Os professores são ótimos, a programação é bem organizada, o espaço é lindo, mas para o Caio, desde os primeiros dias, as coisas nunca andaram bem." (Simone, mãe de Lucas, de 8 anos e 10 meses, e de Caio, de 7 anos e 6 meses).

O caso relatado por Simone é mais comum do que se imagina. Os indícios da dificuldade de adaptação das crianças ficam mais evidentes quando elas não querem ir à escola, resistindo de vários modos, ou, mais sutilmente, quando não se envolvem nem falam das atividades, não têm amigos e até quando apresentam desempenho aquém do esperado. Por que boas escolas podem não ser boas escolas para determinados alunos?

Assim como não existe escola perfeita nem opções educacionais definitivas para toda a vida estudantil, é impossível garantir o sucesso de uns pela boa experiência de outros. Isso porque cada escola tem identidade própria, concretizada pela combinação de inúmeros fatores: o método de ensino, a disponibilidade de espaço, a organização, os recursos, o número de alunos por classe, as dinâmicas de trabalho, a linha de conduta dos professores, a relação estabelecida com os pais etc. Além disso, vale considerar que, como a educação é um processo centrado nas relações humanas, o dia a dia escolar é regido por sintonias e tensões, regras e conflitos, combinados e desobediências, choques e modos de negociação, e tudo isso afeta inexoravelmente a convivência e a aprendizagem. Em resultado, o que dá certo para algumas crianças pode não funcionar para outras com perfil e necessidades diferentes.

Em princípio, as crianças devem ser felizes na escola, sobretudo as da educação infantil e do ensino fundamental I, quando o desejo de aprender, sustentado pela curiosidade típica do ser humano, e a alegria de estar com os colegas põem o contexto estudantil no centro da própria vida. Essas são, aliás, as chaves do sucesso e o prenúncio de bom aproveitamento do aluno. Quando "as coisas não vão bem" para a criança na escola, a situação merece ser compreendida conjuntamente por pais e educadores. Para tanto, a melhor estratégia é o diálogo: o compartilhamento de episódios, circunstâncias, sentimentos e apreensões. Seja por dificuldades relacionais, seja por problemas no desempenho escolar, é preciso rever as condicionantes que justificam a inadaptação, apreender seus significados do ponto de vista do aluno, da família e da escola e principalmente realizar ações concretas para reverter a situação.

Muitas vezes, ainda mais quando se trata de uma boa escola, as dificuldades costumam ser resolvidas pela adoção de determinadas condutas — conversas com a criança, maior atenção do professor, acordos específicos e proposições em sala de aula. Em alguns casos, medidas pontuais costumam dar bons resultados (mudança de lugar na classe, transferência para outra turma, inclusão do aluno em programas de reforço escolar ou, no limite, encaminhamento para profissionais especializados, quando for o caso). Uma vez esgotadas as possibilidades de (re)adaptação, vale considerar a opção por uma nova escola, alternativa que precisa ser reconhecida pela família e pela própria criança não como admissão de fracasso, mas como um recomeço, o que não deixa de ser um aprendizado significativo.

Saiba mais

RIDOLFI, Aline. "Adaptação escolar: seu filho ainda não se adaptou à escola?" *Crescer*, globo.com, 19 fev. 2018. Disponível em: https://revistacrescer.globo.com/Criancas/Escola/noticia/2018/02/adaptacao-escolar-seu-filho-ainda-nao-se-adaptou-escola.html. Acesso em: 27 nov. 2023.

PARA IR ALÉM

Como saber se a escola está dando certo

Até os 10 ou 11 anos (faixa etária correspondente ao 5º ano, final do EF-I), a vida escolar costuma ser o centro da vida da criança. Por isso, o retorno que ela mesma dá à família (na forma de relatos, opiniões, queixas, motivações e comportamentos) é um critério importante para avaliar a escola. Se o aluno gosta dos colegas, tem bom relacionamento com os professores, aprende e se envolve nas atividades propostas, não há dúvida sobre o bom impacto da escola sobre ele. Quaisquer casos em contrário — quando os pais percebem dificuldades de aprendizagem, atritos sociais frequentes, *bullying*, deslocamento social, desinteresse, apatia, comportamento sistemático de resistência às atividades propostas ou de boicote às tarefas — merecem ser considerados junto com a escola e, no limite máximo — quando se esgotaram todas as possibilidades de encaminhamento ou de solução —, justificam a mudança de escola.

Na pré-adolescência, a relação do estudante com a escola começa a mudar por causa do surgimento de outros focos de interesse (treinamento esportivo, interesse por bandas ou videogames, novos relacionamentos afetivos, participação em festas e eventos sociais etc.). A escola passa a competir com muitos outros aspectos no universo do indivíduo, o que pode interferir na relação entre eles, impondo um duplo desafio: no âmbito da escola, é preciso ressignificar os modos de atuação ampliando os momentos de diálogo com os alunos, projetos de trabalho que incentivem o protagonismo deles e frentes de atividades que contemplem os interesses dos jovens; no âmbito da família, importa reforçar o papel da escola em projetos de vida cada vez mais conscientes e responsáveis.

De qualquer maneira, sem escutar o aluno atentamente, sem acompanhar a sua vida estudantil, sem partilhar responsabilidades e sem cumplicidade entre famílias e educadores, não há como saber se a escola está dando certo, muito menos exigir iniciativas para reverter dificuldades e corrigir problemas.

11

Inclusão escolar: o que é e como funciona?

**Depoimento de familiar do
"Grupo de Debates Crianças na Escola... E Agora?"**

"Quando minha filha mais velha entrou na escolinha, com 3 anos de idade, confesso que estranhei e até questionei a presença de crianças com deficiência na classe dela. Me preocupei achando que essas crianças poderiam atrapalhar o andamento das atividades em classe. Dois anos depois, tive a Francine, que nasceu com síndrome de Down. E daí, quando chegou a hora de ela ir para a escola, confesso que fiquei muito apreensiva, com medo de que ela fosse discriminada pelas mães e pelos coleguinhas. O meu instinto de proteção com relação à minha filha me dizia para retardar a matrícula. No meu caso, parece até que o jogo virou: eu vivi essas situações diferentes e, por isso, compreendo os dois lados da inclusão. Hoje, reconheço o bom trabalho feito pela escola, mas sinto que o desafio da inclusão ainda não está resolvido neste país." (Tânia, mãe de Laura, de 8 anos e 6 meses, e Francine, de 5 anos e 1 mês)

Para tratar do tema da inclusão escolar, contamos com a preciosa participação da professora doutora Maria Teresa Eglér

Mantoan[7], que generosamente nos concedeu a entrevista a seguir. Além do respeitável conhecimento que ela tem sobre o assunto, seus argumentos retratam uma postura de responsabilidade e compromisso social, que sem dúvida nos convoca para muitas reflexões.

Silvia Colello — Professora, o que é inclusão escolar?

Maria Teresa Eglér Mantoan — A inclusão significa um grande avanço nas propostas educacionais que pretendem formar as gerações para um mundo justo e igualitário. A formação escolar não se resume à instrução exclusivamente. Entre os seus objetivos está a experiência educacional em sentido amplo, que abrange o respeito ao outro e a recriação do conhecimento. A escola inclusiva privilegia a convivência, o "estar com" e não o "estar junto" com colegas. Nessa escola, os estudantes convivem, compartilham as aulas e ninguém fica de fora por não condizer com um modelo de estudante previsto para aquela turma. Trata-se de uma escola que garante o direito pleno à educação, sem exceções.

SC — Qual é o público-alvo da educação especial?

MTEM — Em primeiro lugar é preciso esclarecer que a educação inclusiva não se limita a acolher alunos que são o público-alvo da educação especial, uma das modalidades de ensino que, como outras — educação quilombola, educação do campo, educação indígena —, complementa a educação comum sem substituí-la, mas deve ser transversal a todas as etapas do ensino. Somente as escolas comuns podem ser inclusivas; são elas que

---

7. Maria Teresa Eglér Mantoan é pedagoga com mestrado e doutorado pela Faculdade de Educação da Universidade Estadual de Campinas (Unicamp). Vinculada ao programa de pós-graduação dessa instituição, coordena o Laboratório de Estudos e Pesquisas em Ensino e Diferença (Leped). É membro da Ordem Nacional do Mérito Educativo pelos relevantes serviços prestados à educação brasileira, especialmente sua luta pelo direito incondicional de todos à educação.

Crianças na escola... E agora?

oferecem o ensino obrigatório aos estudantes dos 4 aos 17 anos de idade. Assim, a educação especial atende, como as demais modalidades, às necessidades do seu público-alvo: alunos com deficiência física, intelectual, sensorial — visual ou auditiva —, com transtornos do espectro autista e alunos com grandes habilidades ou superdotação, para que tenham acesso às turmas das escolas comuns, participem delas e permaneçam nelas.

SC — Como as crianças da educação especial se beneficiam da convivência com outras crianças nas escolas inclusivas?

MTEM — A convivência permite ganhos na formação de todos os estudantes; todos ganham com a inclusão! Essa condição oportuniza o entendimento de que temos capacidades o mais diferentes possível e nenhuma delas deve ser descartada em estudos, projetos, pensados e realizados em comum, na escola, na vida.

SC — Como a diferença deve ser entendida na escola?

MTEM — A diferença é vista na escola pelos atributos externos dos alunos. Os ditos "alunos de inclusão" são os que fogem ao padrão instituído de aluno para pertencer a uma turma. São definidos por meio da comparação de atributos externos, observáveis, graduados, nivelados, tais como raça, cor, condições físicas, intelectuais, sociais e outras. Esses alunos são considerados "os diferentes" (no plural) e é a partir desses atributos que, em geral, se entende e se faz a inclusão nas escolas, no trabalho, na sociedade. Porém, não é com base nas diferenças externas entre pessoas e grupos de pessoas que a inclusão deve ser entendida e realizada. Não é bem assim.

A inclusão tem por fundamento "a diferença" definida como aquilo que nos faz seres singulares, que não se repetem. Ou seja, confundem-se diferenças externas com a diferença em si de cada um de nós! A diferença em si é que nos define. Todos somos absolutamente diferentes uns dos outros e, mais que isso, estamos sempre nos diferenciando.

103

Na escola inclusiva, ainda se confunde diferença com diversidade, que resulta das categorias de pessoas definidas por características externas. Podemos definir como categoria um mesmo nível intelectual, a mesma cor de pele, o mesmo problema visual, auditivo, o mesmo sexo ou todos esses atributos num único sujeito, mas eles não são suficientes para caracterizar essa pessoa por inteiro.

Daí o grande problema. Da perspectiva inclusiva, a diferença precisa ser redefinida pela escola, pela sociedade: uma coisa é a diferença em si e outra são as diferenças externas, que admitem comparações, julgamentos, denominações pela aparência.

Vivemos um momento em que, no mundo inteiro, as diferenças externas são cada vez mais exaltadas. Vivemos num mundo preconceituoso, em que os verdadeiros conceitos não são de todo aceitos porque, para determinados grupos, não interessa que eles sejam devidamente conhecidos e explicados. A inclusão não interessa, por exemplo, para escolas e pais que entendem a diferença como atributo externo pelo qual os alunos são triados, aceitos e bem-vistos.

Em sintonia com seus valores sociais, muitos pais têm medo da presença do público da educação especial nas escolas, acreditando que, pela presumida inadequação de comportamento e pela suposta incapacidade de aprender dessas pessoas, elas não vão ser uma boa influência para os seus filhos. São pais que têm dificuldade de educar as suas crianças para o mundo.

A escola, por sua vez, também costuma representar os alunos pela criação de modelos que não correspondem à realidade: os bons e os maus, os bem-comportados e os malcomportados, os alunos de procedências ou de segmentos escolares diferentes. Mas a verdade é que, quando consideramos a pessoa em si, fica impossível fazer comparações.

Outro problema das escolas, tanto públicas quanto particulares, costuma ser a dificuldade de lidar com a diferenças de cada um. Todos os alunos que não sabem reproduzir conteúdos ou não admitem reproduzi-los — como aqueles com grandes habilidades e superdotação — são pessoas indesejáveis, porque podem rebaixar os índices de avaliação do aprendizado, ameaçando o *status* de excelência da escola. Sobretudo nas instituições particulares, as notas definem uma qualidade de ensino e, supostamente, o grau de inteligência dos alunos, mas — é preciso admitir — ter filhos com notas altas não significa que estejam sendo bem formados.

SC — Como ocorre (ou deveria ocorrer) a inclusão no dia a dia da escola?

MTEM — No cotidiano da escola, a inclusão tem de acontecer naturalmente, começando pelo momento da matrícula: não há, ou não deveria haver, nenhuma restrição possível à entrada de uma pessoa na escola, seja ela quem for. O direito à educação é incondicional; é um direito subjetivo, do próprio estudante. Então, ninguém pode dizer a uma mãe ou pai que seu filho não tem lugar na escola, ou que só terá lugar se apresentar um laudo.

No Brasil, a educação escolar é obrigatória e deve ser feita em escolas comuns. Como todos, incondicionalmente, têm direito a estar nelas, a inclusão não é uma concessão.

No dia a dia, quando solicitado, o atendimento educacional especializado (AEE), um serviço federal da educação especial, realiza um estudo das barreiras atitudinais, físicas, linguísticas ou comunicacionais que interferem no acesso do aluno ao conhecimento e à participação em sala de aula. Esse atendimento não diz respeito ao conteúdo a ser ensinado, já que o currículo deve ser o mesmo para todos os alunos da escola. Os professores do AEE devem estudar cada caso para garantir que na sala de aula e nas demais dependências da escola, bem como na família, os estudantes com quaisquer tipos de dificuldade tenham as mesmas condições de acesso e de participação que os demais.

SC — E o que dizer aos pais de crianças com deficiência que têm receio de colocar os filhos na escola?

MTEM — Em primeiro lugar, os pais ou os responsáveis precisam saber que a educação da criança é um direito dela, criança, não uma escolha dos pais. Assim como a escola, pela legislação brasileira, não pode recusar a matrícula a ninguém, os pais não podem dizer "não queremos que o nosso filho estude em tal escola porque lá há pessoas que não são como ele". E mais: quem não matricula o filho numa escola comum incorre no crime de abandono intelectual!

SC — Quais são as principais dificuldades enfrentadas nas escolas para a inclusão de crianças da educação especial?

MTEM — O maior problema vem de uma tradição escolar que desde sempre tem definido um padrão de aluno. Esse modelo funciona até hoje, com honrosas exceções. Ainda vigora o ensino transmissivo e reprodutor, no qual os estudantes têm de mostrar um mesmo tipo de participação nas aulas e são levados a repetir os conteúdos e caminhar por percursos de aprendizagem preestabelecidos para chegar às mesmas respostas — respostas que coincidem com aquilo que as escolas entendem por competências e habilidades curriculares. Para que um estudante seja promovido, as avaliações exigem respostas precisas, decoradas, o que pressupõe que ele seja treinado para respondê-las. A ideia que está por trás dessa reprodução é que conhecimento é único e incontestável, que existe uma verdade a ser enunciada, um conceito representável, e que o aluno tem de responder ao que lhe ensinam com base na mesma precisão estabelecida nos compêndios. Mas sabemos que a reprodução de conteúdos não garante que o aluno os tenha aprendido.

A nossa escola estranha muito o estudante que não reproduz os conteúdos transmitidos dessa maneira. Ela pressupõe que esse estudante é incapaz de obter um rendimento escolar compatível com as exigências curriculares próprias da sua idade e do seu ano escolar. Tais concepções perduram no sistema educacional e apontam para os atrasos que precisamos superar nas práticas pedagógicas, notadamente no que diz respeito às avaliações da aprendizagem. Também se faz necessária uma análise de fundo das nossas políticas educacionais, da direção dos estudos e das pesquisas na área, sem falar em uma ampla revisão da formação de professores.

SC — Como explicar as diferenças no processo de aprendizagem e nas atividades de avaliação?

MTEM — É importante os pais saberem que o aprendizado não resulta forçosamente do ensino de determinado conteúdo. São processos dissociados. Não é porque alguém ensina que o outro aprende, e não é porque se ensina X que o aluno tem de aprender esse X com precisão. Cada estudante aprende o que tem sentido para si. No mais, é pura "decoreba". Infelizmente é difícil mudar essa maneira de pensar o ensino e a aprendizagem, porque atrás dela existem muitos outros interesses da sociedade, que não os de formar, do fundamental ao superior, cidadãos com ideias próprias, que questionem os conhecimentos, busquem novas saídas para problemas de toda ordem, tenham ideias que possam ameaçar o interesse de poucos para beneficiar muitos...

Sobre as avaliações escolares, é importante esclarecer que a maioria delas, em todos os níveis e etapas de ensino, tem-se mostrado incapaz de reconhecer com retidão o aprendizado de um estudante. Trata-se de avaliações cujas perguntas aguardam respostas decoradas, treinadas, mecânicas. Da mesma forma, toda e qualquer mensuração de inteligência é absolutamente inútil, porque se reduz a testes, que não traduzem de fato a adesão do sujeito a situações reais em que ele tenha de se utilizar do que sabe para dar uma resposta.

SC — Para finalizar, diga como você sintetizaria o tema da inclusão.

MTEM — A inclusão é um grande desafio para todos nós, para a escola, para a sociedade. Ela mexe fundo com o nosso mundinho excludente. Exige que caminhemos com os olhos voltados para o horizonte, para o novo, para o que nos faz avançar. Ela nos desaloja das ideias que remedeiam, ela nos desacomoda, como toda grande virada do conhecimento e das ações dela decorrentes. A inclusão diz respeito a um novo modo de vida em que o entendimento de que somos seres unívocos, singulares, nos liberta de convenções, de julgamentos baseados em preconceitos, da resignação a padrões que rotulam pessoas, entre outras barbáries.

Saiba mais

ARANTES, Valéria Amorim (org.). *Inclusão escolar — Pontos e contrapontos*. São Paulo: Summus, 2006.

 "ENSINAR e aprender: nem tudo depende da didática". Vídeo (13min37s). Depoimento de Maria Teresa Mantoan. Publicado pelo canal Univesp, 30 jun. 2011. Disponível em: https://www.youtube.com/watch?v=ubKm6Ic7Ce8. Acesso em: 27 nov. 2023.

 DELIVERY DA INCLUSÃO. Entrevistador: Giorgio Sinestri. Entrevistada: Maria Teresa Mantoan. Vídeo (59min25s). Publicado pelo canal Gentes, 7 nov. 2022. Disponível em: https://www.youtube.com/watch?v=MrMjyePWGTE. Acesso em: 27 nov. 2023.

MANTOAN, Maria Teresa Eglér. *Inclusão escolar — O que é? Por quê? Como fazer?* São Paulo: Summus, 2015.

MANTOAN, Maria Teresa Eglér; LANUTI, José Eduardo de Oliveira Evangelista. *A escola que queremos para todos*. Curitiba: CRV, 2022.

12

Uma escola igual ou diferente da que tivemos?

Se as escolas insistem nas práticas convencionais obsoletas, que definem a maioria das instituições de ensino atuais, distantes e ignorantes do fluxo de vida que transborda à sua volta, correm o risco de se tornarem irrelevantes. [...] devemos nos dar conta de que não é aconselhável apenas fornecer informação aos alunos, temos que ensiná-los [a] utilizar de forma eficaz essa informação que rodeia e enche as suas vidas, como acessá-la e avaliá-la criticamente, analisá-la, organizá-la, recriá-la e compartilhá-la. As escolas devem se transformar em poderosos cenários de aprendizagem, onde os alunos investigam, compartilham, aplicam e refletem. [...]

[...] as exigências de formação dos cidadãos contemporâneos são de tal natureza que é preciso reinventar a escola, para que ela seja capaz de estimular o desenvolvimento de conhecimentos, habilidades, atitudes, valores e emoções que são necessários para conviver em contextos sociais [...]. (Gómez, 2015, p. 29)

Muitas são as críticas que hoje se fazem à escola. De fato, as dificuldades de inovar as práticas de ensino, assimilar as contribuições teóricas, incorporar avanços metodológicos, introduzir novos recursos tecnológicos e, ainda, superar modos retrógrados de funcionamento inibem a construção de uma escola mais compatível com as demandas do nosso tempo, com o perfil e as necessidades dos alunos. A concretização dos propósitos de ensinar melhor e impulsionar a formação integral (escolar, social, emocional, ética e política) de crianças e jovens é e sempre será um grande desafio. No entanto, a despeito da morosidade da renovação educativa, não se pode dizer que a escola atual seja a mesma de ontem. Prova disso é a surpresa de pais que, ao acompanhar a vida escolar dos filhos, surpreendem-se com uma instituição que desconhecem. Sem dúvida, cada vez mais eles são instados a rever suas representações sobre as práticas de ensino, obrigados a abrir mão dos seus referenciais e até de expectativas para, sem saudosismo, reconhecerem que não se educa como antigamente.

Ainda que não se possa generalizar os processos de inovação e tampouco garantir o que cada instituição já conquistou, cabe perguntar: na superação dos conhecidos padrões tradicionais de ensino, para onde apontam as iniciativas de modernização das escolas?

À primeira vista, o que mais costuma surpreender os adultos é a ruptura da configuração tradicional da sala de aula, com cadeiras enfileiradas de frente para a lousa. Em muitas escolas, os *agrupamentos de alunos* (duplas, trios ou pequenos grupos) e a *descentralização das práticas escolares* provêm do reconhecimento de que as crianças também aprendem por meio da *interação* com os colegas e de trabalhos conjuntos e colaborativos.

Outro modo de trabalho são as *rodas de conversa* em sala de aula, nas quais os estudantes, seguindo o mesmo princípio de interação produtiva, perguntam, debatem, expõem dúvidas, confrontam hipóteses e emitem opiniões, mesmo que distantes do saber convencional. Evidentemente, não se trata de encorajar o erro, mas de aceitar que o estudo em conjunto, o compartilha-

Crianças na escola... E agora?

mento de experiências e a troca de ideias são imprescindíveis para que as crianças possam rever suas concepções, avançando no aprendizado. Assim, cabe à escola criar *oportunidades para a construção do saber*. Mais que o produto do conhecimento, valorizam-se os *processos de aprendizagem*, isto é, os movimentos de aproximação progressiva com os conteúdos. O conhecimento não é consequência da aplicação de um material didático ou do discurso do professor, mas é elaborado com base em diferentes fontes, situações e dinâmicas na sala de aula. Os mesmos temas podem ser recuperados ao longo das fases da escolaridade com crescentes graus de profundidade ou trabalhados na forma de *temas transversais* em toda a escola. Por exemplo, a maneira como uma criança de educação infantil compreende o respeito ao meio ambiente é completamente distinta da análise feita por um jovem do ensino médio, o que não apenas valida a necessidade de se trabalhar o mesmo tema em todos os segmentos, mas também a corrobora.

No plano individual, as *práticas de livre construção* também exemplificam situações em que as crianças são incentivadas a utilizar os seus recursos para enfrentar conflitos cognitivos (incongruências entre as suas ideias prévias e a realidade), o que tende a alavancar o aprendizado. Esse é o caso da *escrita espontânea* para crianças em alfabetização. A partir de propostas como "escreva do seu jeito, da melhor maneira que conseguir", elas fogem do pesado crivo do "certo e errado" e se sentem livres para testar possibilidades de notação. Do ponto de vista dos pais que conferem a produção dos filhos, a escrita infantil, distante da convencional, pode parecer desleixo da professora, que não corrige as lições. Da perspectiva dos educadores, são oportunidades ímpares para a livre exploração de hipóteses e o acompanhamento da aprendizagem.

Levando em conta o percurso da elaboração pessoal ao saber convencional, as provas deixam de funcionar como estratégias

Silvia M. Gasparian Colello

únicas e definitivas de comprovação dos conhecimentos adquiridos e passam a ser feitas em *várias avaliações* (apresentação de trabalhos, portfólios, produção de textos dissertativos, participação em feiras de ciências etc.), constituindo também novos *momentos de reflexão e aprendizagem.*

Essa nova dinâmica de ensino-aprendizagem incorpora os postulados do psicólogo suíço Jean Piaget, para quem a melhor aula é a que motiva perguntas, não a que dá respostas prontas. Hoje se reconhece que as crianças, mesmo bem pequenas, tentam se adaptar naturalmente ao seu meio. Movidas pela curiosidade e pelo desejo de compreender o mundo, elas têm postura e voz ativa, são capazes de refletir e merecem ser protagonistas do processo cognitivo. Em consequência de tais concepções, cai por terra a pretensão de o ensino ser uma simples transmissão de conhecimentos. Pelo mesmo motivo, não se pode esperar que existam salas de aula silenciosas, alunos apáticos e submissos.

O psicólogo e pesquisador bielorrusso soviético Lev Vigotski (1896-1934), por sua vez, deixou evidente que as pessoas não aprendem a partir de um dado potencial de inteligência, mas sim em função do ambiente onde vivem, isto é, aprendem segundo os valores, as práticas sociais, os modos de convivência e de trabalho. Consequentemente, não se pode isolar o ensino das práticas sociais, da relação dos estudantes com o seu meio, daquilo que eles já sabem e do modo como lidam com problemas específicos. Por isso, cabe aos professores intermediar os conteúdos escolares partindo do que é relevante para o aluno. Por meio de *problematizações*, os temas entram em sala de aula como propostas de trabalho contextualizadas, desafiadoras e significativas. Seja qual for a abordagem temática, os alunos aprendem melhor quando provocados a pensar sobre determinado tópico, envolvendo-se em *tarefas que remetam à busca e à construção do conhecimento.*

Crianças na escola... E agora?

Partindo desses referenciais e de tantos outros estudos, cada vez mais as escolas incorporam *metodologias ativas*, baseadas em *estratégias de envolvimento e participação dos estudantes*. Desse ângulo, o diferencial é mudar a lógica das práticas de ensino, o que ficou conhecido como *aula invertida (flipped classroom)*: se antes os professores, pressupondo o interesse dos alunos (ou a obrigação deles de aprender), iniciavam a aula "explicando a matéria" para, logo a seguir, sistematizar e fixar os conteúdos, agora eles começam pela problematização do tema apoiados no que os alunos já sabem e criam situações (verdadeiros *desafios cognitivos*) para que os estudantes busquem o conhecimento por intermédio de pesquisas na biblioteca, na internet, em trabalhos de campo, indicações de leitura, experiências práticas etc. A seguir, convidam os alunos a compartilhar as suas descobertas com os colegas, prática da qual se abrem novas possibilidades para aprender ou aprofundar o conhecimento. A organização e a sistematização dos saberes conquistados — por exemplo, confecção de cartazes, preparo de exposições ou apresentação de seminários — constituem a última etapa do processo, feita em conjunto pelos estudantes com apoio do professor. Mais que a aprendizagem em si, o que está em jogo é a *formação de pessoas com espírito inquisitivo e de pesquisa*.

Com essa intenção destacam-se também as atividades de *aprendizagem baseada em problemas* (ABP ou, em inglês, PBL: *problem-based learning*), que se prestam tanto para subsidiar *sequências didáticas* (atividades de curta duração) quanto para *projetos de trabalho* desenvolvidos em longo prazo de acordo com um objetivo específico, como a produção de um álbum de figurinhas, a preparação de uma festa, a organização de uma mostra, recital, teatro ou exposição.

Não faltam exemplos dessas possibilidades. O questionamento sobre o "mundo dos nossos avós" pode ser o mote para entrevistas com os familiares sobre os aspectos da vida no pas-

Silvia M. Gasparian Colello

sado — as brincadeiras, os meios de locomoção, as vestimentas, os meios de comunicação, as opções de ocupação e divertimento —, subsidiando trabalhos na área de História que permitem uma compreensão mais significativa de outros tempos. Ao comporem coletivamente um livro sobre animais, as crianças são encorajadas a expor os seus conhecimentos e problematizar semelhanças e diferenças entre eles, (re)elaborando noções de gênero e espécie, básicas do mundo da ciência. A preparação de uma festa junina pode partir de perguntas sobre as suas origens e as práticas nas culturas populares, justificando estudos com *abordagem interdisciplinar* de Língua Portuguesa (o trabalho com gêneros textuais, como canção, letra de música, receita culinária etc.), Matemática (organização e divisão do número de bandeirinhas para enfeitar a escola), Educação Física (jogos, danças, quadrilhas) e Artes (decoração da escola).

No rumo da modernização das escolas, a *diversificação de recursos* e a introdução de *novas tecnologias* constituem um desafio peculiar. Com a disseminação de dispositivos informáticos e informativos, que afetam todos os campos da sociedade, seria ingenuidade achar que o mundo eletrônico e virtual não chegaria às práticas pedagógicas. A tecnologia veio para ficar também na educação. Por isso, não é de estranhar que as *formas diversificadas de ensino* tendam cada vez mais a fazer parte da educação, em propostas presenciais, a distância, híbridas e *online*, valendo-se de lousas eletrônicas, telas, vídeos, computadores, *games*, simuladores digitais, aplicativos e até celulares.

É preciso, todavia, ter muita cautela: não é a existência de uma parafernália tecnológica e eletrônica na escola que moderniza o ensino, mas sim o uso que se faça dela (Colello, 2017; Gómez, 2015; Coll e Monereo, 2010; Palfray e Gasser, 2011). A inevitável assimilação de novos recursos no ensino é legítima se eles estiverem a serviço da inclusão e do convívio produtivo, da reinvenção e da diversificação de espaços de aprendizagem, do

Crianças na escola... E agora?

acesso a outros lugares e campos do conhecimento, da ampliação dos canais de comunicação e expressão, da descoberta e da curadoria de informações (estratégias de pesquisa, seleção, comparação, edição e compartilhamento) e das possibilidades de reflexão, construção do conhecimento e posicionamento consciente e responsável diante dos temas estudados.

Da ótica de pais e familiares (e mesmo de muitos educadores), as tendências de reforma da escola — novos princípios, concepções, metodologias, estratégias, relações e recursos — podem surpreender. Para alguns, elas são até desestabilizadoras: a constatação de que as antigas instituições, muitas vezes marcantes para os adultos, não têm mais razão de ser; o medo de que as inovações, incertas e até discutíveis, escapem do controle. Não é fácil lidar com a mudança, principalmente se considerarmos a resistência dentro e fora da escola, que evidencia expectativas saudosistas, tradições arraigadas, programas idealizados, amarras burocráticas e políticas retrógradas.

No entanto, guardados os desejáveis objetivos educativos, a alternativa à reforma da escola seria manter uma instituição que não mais dialoga com as novas gerações nem com os apelos do mundo atual. Por isso, as dificuldades de assimilação de recursos e de metodologias mais arrojadas podem, pela via inversa, também surpreender os pais quando estes depararem com escolas que, lamentavelmente, pouco evoluíram. Nada justifica que, em meio às aceleradas inovações sociais, científicas, pedagógicas e tecnológicas, as mesmas instituições de ensino do passado tenham lugar hoje. Trata-se de uma decepção ainda maior porque, regra geral, a mesma postura de inércia que justifica os mecanismos de resistência à modernidade costuma perpetuar também a falta de qualidade do ensino. Em outras palavras, não se deve dizer que escolas pretensamente tecnológicas e inovadoras sejam a rigor eficientes, mas parece certo afirmar que as escolas contrárias à inovação — entrincheiradas nas suas tradicionais zonas de conforto, distantes da realidade, do perfil, dos interesses e das necessidades dos estudantes — tendem a manter mecanismos de fracasso.

Há também outro panorama por considerar, o das escolas que se voltam ainda mais para o volume de conteúdos. Pressionadas pela sociedade competitiva e pela urgência de resultados rápidos, muitas instituições têm aderido aos métodos apostilados, programas de ensino padronizados, mecanização dos processos de aprendizagem e massificação de práticas. Desse ponto de vista bastante conteudista, o objetivo é priorizar conteúdos e saberes independentemente de valores, competências, posicionamento crítico e consciência social. Aqueles que se identificam com essa visão educacional acreditam que a submissão dos alunos à imensa carga de informações pode, por si só, proporcionar uma posição mais vantajosa no rol das provas de seleção (como os vestibulares) ou de competições sociais (como processos de seleção de emprego). Contudo, deve-se admitir que, pela via da mera transmissão de conteúdos, nem sempre conseguimos garantir a formação integral imprescindível aos seres humanos.

Por esse motivo, é preciso reconhecer que a urgência de transformar as escolas está hoje a serviço de um novo tempo e, além disso, a serviço de um dos mais antigos propósitos da educação: formar pessoas autônomas, participativas, críticas, éticas e responsáveis.

> **Saiba mais**
>
> Araújo, Ulisses F.; Arantes, Valéria. *A escola dos sonhos — Desejos e projetos de vida dos educadores brasileiros*. São Paulo: Summus, 2023.
>
> Colello, Silvia. "Tecnologia e educação". Videoaula 12 (26min22s). Disciplina Psicologia da Aprendizagem, curso de Licenciatura, Univesp. Publicada pelo canal Univesp TV, 2015. Disponível em: https://www.youtube.com/watch?v=hSTcKtdSIiw. Acesso em: 27 nov. 2023.

_____. "Tecnologias e linguagens na escola". Videoaula 11 (22min41s). Disciplina Linguagens na Educação: conteúdos, formas e relações na escola. Faculdade de Educação da Universidade de São Paulo, Núcleos de Apoio à Pesquisa/ Instituto Iungo, 30 mar. 2021. Publicado pelo canal Programas Repensando o Currículo e Ativar! Disponível em: https://www.youtube.com/watch?v=uChqoda9dVk. Acesso em: 27 nov. 2023.

_____. "O trabalho pedagógico com áreas do conhecimento". São Paulo, 1 jun. 2021. Disponível em: https://silviacolello.com.br/o-trabalho-com-areas-de-conhecimento-2. Acesso em: 27 nov. 2023.

COLELLO, Silvia de Mattos Gasparian; LUCAS, Maria Angélica Olivo Francisco. "A reinvenção da escola: os desafios de educar e de ensinar a língua escrita". *International Studies on Law and Education*, São Paulo/Porto, n. 27, set.-dez. 2017, p. 5-12. Disponível em: http://www.hottopos.com/isle27/05-12ColelloLucas.pdf. Acesso em: 27 nov. 2023.

"QUAL é a diferença entre as escolas antigas e as atuais?" *Tutor Mundi*, [s/l], [s/d]. Disponível em: https://tutormundi.com/blog/escolas-antigas-e-atuais. Acesso em: 27 nov. 2023.

"QUAL é o maior desafio da educação em 2013?" Depoimentos de professores, pesquisadores e representantes de movimentos sociais, *Revista Educação*, [s/l], 1 dez. 2013. Disponível em: https://www.youtube.com/watch?v=KBaFA2PeGpg. Acesso em: 27 nov. 2023.

SANTOS, Victor. "O que são metodologias ativas e como elas favorecem o protagonismo dos alunos". *Nova Escola*, São Paulo, 8 set. 2021. Disponível em: https://novaescola.org.br/conteudo/20630/especial-metodologias-ativas-o-que-sao-as-metodologias-ativas-e-como-funcionam-na-pratica. Acesso em: 27 nov. 2023.

13

Ensinar a ler e escrever numa escola sem cartilha

Depoimento de familiar do
"Grupo de Debates Crianças na Escola... E Agora?"

"Não entendo por que as escolas não estão mais usando cartilhas. No meu tempo era tão mais fácil! A professora ia dando cada página da cartilha[8], a gente ia lendo... Lembro até hoje: 'Eu vejo a barriga do bebê', 'O bebê baba', 'O bobo baba'. A gente copiava as palavras, fazia as lições e, quando chegava no fim do livro, toda a turma estava alfabetizada." (Filomena, avó de Stephanie, de 5 anos e 1 mês)

Muitas famílias que acompanham a vida escolar dos filhos estranham a falta da cartilha nas escolas atuais. A estranheza se deve às suas lembranças da alfabetização, pelas quais elas criam a expectativa de se reproduzir hoje com as suas crianças o mesmo processo de aprendizagem ("assim eu aprendi,

---

8. Referência a *Caminho suave*, obra de autoria de Branca Alves de Lima, publicada em 1948 e até hoje utilizada por muitos professores. Foi também usada como estratégia de ensino ou de reforço pelos pais no período da pandemia de covid-19.

assim será ensinado"). Além disso, por estarem organizadas didaticamente de uma maneira que lhes parece lógica — a progressão do "mais fácil" (as letras e as sílabas simples) para o "mais difícil" (as sílabas complexas, as palavras e as frases) —, as cartilhas configuram, do ponto de vista dessas famílias, um referencial seguro para garantir passo a passo a aquisição da língua escrita.

Assim, permanece a dúvida: por que abrir mão desses recursos (ou de métodos) constituídos objetivamente para a alfabetização? A pergunta nos leva a considerar que estamos num novo mundo, com novos apelos e necessidades, com gerações de outro perfil e, sobretudo, com outros referenciais teóricos sobre o conhecimento, a linguagem e as práticas pedagógicas.

Partindo dos anos 1960, quando o educador brasileiro Paulo Freire (1921-1997) aboliu as cartilhas em nome de práticas mais reflexivas, procurando não só ensinar como também situar politicamente o sujeito no contexto do seu mundo, os anos seguintes foram bastante fecundos de mudanças em tudo aquilo que até então os educadores pensavam e faziam para ensinar os estudantes a ler e escrever.

Nos anos 1980, as pesquisas sobre a psicogênese da língua escrita, lideradas pela psicóloga argentina Emilia Ferreiro (1937-2023), que tentavam compreender como a criança passa de concepções elementares para as mais avançadas sobre o funcionamento da escrita, comprovaram processos cognitivos peculiares que se repetem em crianças e em culturas diferentes.

Trata-se de um longo percurso, no qual elas se esforçam para compreender o que a escrita representa e como representa — elaborações mentais distantes do percurso previsto nas cartilhas e dos "princípios adultocêntricos", que até então regiam a organização didática dos métodos de ensino.

Crianças na escola... E agora?

A rigor, aquilo que parece fácil para o adulto alfabetizado pode ser inaceitável para a criança que está aprendendo. Exemplos disso são o uso de palavras curtas (como "pé", "pá", "pó") e de palavras com letras repetidas (como "papai", "dado", "bebê") no início da alfabetização, quando a criança, seguindo uma lógica própria, não admite que seja possível grafar uma palavra com poucas letras ou com reincidência de caracteres. Assim, ficou evidente o descabimento de impor às crianças um modo estranho de aprender e até incongruente com os pontos de vista delas. Em outras palavras, comprovou-se a necessidade de ajustar os processos de ensino aos de aprendizagem.

Dessa maneira, em lugar dos métodos e do recurso didático das cartilhas, a criança, na sua reconhecida natureza de "sujeito construtor de conhecimento", passou a ser o centro dos processos pedagógicos. Em cada turma o ensino veio a ser fundamentado no que os alunos sabem e na solução de problemas, por exemplo: "Como escrever o meu nome?" "Com a minha letra dá para escrever outros nomes?" "Por que os nomes das duas Adrianas da classe são escritos do mesmo jeito se elas são (fisicamente) tão diferentes?" "Por que os nomes dos colegas Roberto, Fernando e Cristiano terminam com a mesma letra?" "Quantas letras eu preciso para escrever sorvete?" "Será que a palavra lobo me ajuda a escrever bolo?" "Será que com a letra da Carolina dá para escrever 'caramelo'?" "Por que precisa colocar títulos nas notícias de jornal e nos livros de histórias mas não nos bilhetes?" "Por que as pessoas costumam assinar o nome no final das cartas?" "Onde mais a gente deve usar uma assinatura?" "Por que nas listas de compras as palavras têm que ser escritas uma embaixo da outra?"

No mesmo período, surgiram no Brasil e no exterior importantes contribuições da linguística e da psicolinguística, em defesa das variedades linguísticas como modo legítimo de expressão. Assim, malogrou a ideia de que a criança deve "falar direito"

121

para "escrever direito" — princípio que, pelo teor preconceituoso e impositivo, acabava por submeter a alfabetização a condições de desenraizamento de identidades culturais e de vergonha. Paradoxalmente, muitas vezes acabávamos alfabetizando à custa de um processo de silenciamento progressivo: "Aprendemos a ler e escrever, mas, em função da imposição linguística, do medo de errar e da dificuldade de se aventurar nas práticas de comunicação, perdemos a razão ou motivação do dizer, somos roubados do direito à palavra escrita e distanciados da sociedade letrada". Em oposição a isso, o que se deve ensinar são as múltiplas linguagens e a relação delas com os seus devidos contextos, propósitos e interlocutores. O ensino assumiu, então, uma perspectiva reflexiva, que, partindo de textos como repertórios a serem compreendidos e discutidos, alimentam as muitas possibilidades de expressão. Trata-se, evidentemente, de um viés que supera o conteúdo estrito das cartilhas.

Por sua vez, subsidiando novas perspectivas pedagógicas, chegaram ao Brasil traduções de estudiosos soviéticos esquecidos ou banidos na então União Soviética nos tempos de Josef Stalin e redimidos aos poucos após a morte dele, em 1953. O citado bielorrusso Lev Vigotski e seus seguidores nos ensinaram que a aprendizagem se faz na estreita relação do indivíduo com o seu mundo, não pela imposição de conteúdos e sim pela mediação entre as pessoas — uma verdadeira "ponte cognitiva" na direção dos saberes —, permitindo que as crianças se apropriem significativamente daquilo que está à sua volta. Segundo essa ótica, o ensino (particularmente o da língua escrita), longe de ser um programa predeterminado, generalizado e inflexível, deve ser travado no dia a dia da escola de acordo com as condicionantes socioculturais.

Assim como Vigotski, o pensador, filósofo e linguista russo soviético Mikhail Bakhtin (1895-1975) e seu círculo de pesquisadores defenderam a natureza discursiva da língua, isto é, a

Crianças na escola... E agora?

ideia de que não existe uma língua pronta para ensinar (como pressupõem as cartilhas típicas ou o ensino da língua calcado estritamente nas gramáticas normativas), e sim processos comunicativos construídos em dado contexto e com determinado propósito no universo de falantes. Dessa forma, a alfabetização deve ser instituída desde o início por meio de práticas efetivas de comunicação, o que não ocorre no conteúdo artificialmente didatizado das cartilhas. A criança necessita aprender a ler e escrever na medida em que se sinta motivada a interagir com e pela escrita, a produzir e interpretar textos constituindo-se efetivamente um "sujeito-autor-leitor". E, convenhamos, as crianças do século 21 não se sentiriam cativadas ao ler "o bobo baba".

A partir dos anos 1990, tais diretrizes fortaleceram os estudos sobre o letramento no Brasil, partindo da necessária convicção de que hoje não basta saber ler e escrever no sentido estrito — conhecer letras e compor sílabas; codificar e decodificar palavras e frases[9]; conhecer as normas ortográficas e gramaticais. Muito pelo contrário, é preciso formar o usuário da língua, aquele que se torna cada vez mais preparado para transitar na sociedade letrada.

Diante de todos esses referenciais, os professores foram incitados a abandonar as cartilhas, rompendo com um ensino que que não fazia sentido nem mesmo entre as quatro paredes de uma sala de aula. Em síntese, sabendo que a língua escrita depende de participação ativa no contexto dos usos linguísticos, com determinados propósitos e interlocutores e, ainda, com base na compreensão dos papéis da escrita e dos modos de se manifestar, restava o desafio de alfabetizar aproximando-se

---

9. Isso ocorre com aproximadamente 38 milhões de analfabetos funcionais no Brasil — pessoas que aprenderam as letras e as sílabas e até conseguem codificá-las e decodificá-las, mas são incapazes de interpretar um texto e participar das práticas sociais de leitura e escrita.

progressivamente de práticas sociais de linguagem. Por esse caminho, as crianças aprendem a ler e escrever lendo e escrevendo. Embora esse princípio possa parecer óbvio, é também um pressuposto inédito nessa "nova" pedagogia da alfabetização, a que ousou descartar as cartilhas.

Dessa perspectiva, cabem aos professores estas atribuições:

- Promover o acesso a materiais escritos variados.
- Apresentar propostas de leitura e de escrita envolventes e desafiadoras.
- Incentivar as interações entre as crianças e com os próprios professores, favorecendo a troca de saberes e a concepção conjunta de estratégias de escrita e interpretação.
- Organizar e disponibilizar materiais de referência para leitura e escrita — por exemplo, a relação das letras ou a lista com os nomes das crianças da turma, que funcionam como palavras estáveis (escritas conhecidas de memória que, pela sequência de caracteres ou comparação de letras e sílabas, se prestam como base para a construção de outras palavras).
- Encorajar a pseudoleitura (aquela em que a criança finge estar lendo) e a escrita espontânea (feita pela criança do jeito que sabe, do modo como é possível).
- Problematizar modos de escrever palavras, frases e textos.
- Apoiar os alunos, sempre que necessário, por meio de informações específicas, pela sistematização das descobertas realizadas e da aprendizagem conquistada.
- Acompanhar os percursos cognitivos das crianças na construção da escrita a fim de apresentar novos desafios.

E como os pais podem contribuir com esse processo de alfabetização?

Com o intuito de ajudar os filhos na aprendizagem da escrita, muitas famílias, sobretudo no período da pandemia da co-

Crianças na escola... E agora?

vid-19, propuseram a eles tarefas tipicamente escolares como cópias, ditados, separação de sílabas e exercícios de caligrafia. Assim, acabaram por instaurar um clima de tédio e desinteresse que em nada contribuiu para o desejo de aprender. Ora, se a escrita é a "arte de aprisionar a mão para libertar a ideia", como diz Ajuriaguerra (1988), o que prevalecia nesse tipo de atividade era apenas a sensação de aprisionamento.

De um ponto de vista contrário, pode-se contar com a participação das famílias facilitando o acesso dos pequenos, desde muito cedo, ao universo da escrita através de diferentes atividades do dia a dia. Entre tantas possíveis — participação da criança na elaboração de convites, listas de compras, escrita conjunta de bilhetes, cartinhas para o Papai Noel, jogos de palavras etc. —, destacam-se a leitura e a contação de histórias, por abrir as portas para o mundo mágico da literatura. O hábito de partilhar a leitura de contos, fábulas, histórias em quadrinhos, parlendas e poemas não só favorece a aproximação da criança com meio letrado como desperta nela o gosto pela escrita e a motivação para aprender.

No entanto, não basta apenas ler muitos e bons livros. Estudos realizados em diferentes países comprovaram que, além da leitura em si, o maior diferencial está no que se faz com a leitura e com base nela. É o caso de pessoas que, ao contar histórias, criam ambientes de magia e reflexão, lendo com entonação, efetuando debates temáticos e linguísticos ou ainda estimulando deslocamentos da criança na sua relação com a história ou com os personagens: "Como você acha que o porquinho se sentiu quando o lobo bateu na porta da casa dele?" "E o lobo, o que ele pensou quando chegou o caçador?" "O que você diria ao João e à Maria para eles não se perderem de novo na floresta?" "Que outro nome você daria para a história da Cinderela?" "O que você acha que aconteceu depois do casamento da princesa?" "Por que o autor escreveu 'felizes para sempre'?" Essa verdadeira "ginástica mental" amplia a potencialidade das experiências linguística e literária e, sem dúvida, prepara a criança para a aprendizagem inteligente da língua escrita.

No confronto entre diferentes possibilidades de alfabetização — da cartilha às perspectivas de elaboração, descoberta, uso, envolvimento, interesse e criação linguística —, vale lembrar as palavras de Emilia Ferreiro (2002, p. 27):

> Há crianças que ingressam na língua escrita por meio da magia (uma magia cognitivamente desafiante) e crianças que entram na língua escrita pelo treino de 'habilidades básicas'. Em geral, as primeiras se tornam leitoras; as outras têm um destino incerto.

Saiba mais

ALVES, Januária Cristina. "Como formar leitores capazes de fazer perguntas inquietas?" *Nexo*, São Paulo, 3 ago. 2023. Disponível em: https://www.nexojornal.com.br/colunistas/2023/Como-formar-leitores-capazes-de-fazer-perguntas-inquietas. Acesso em: 27 nov. 2023.

BAGNO, Marcos. *A língua de Eulália — Novela sociolinguística*. 15. ed. São Paulo: Contexto, 2006.

COLELLO, Silvia M. Gasparian. "A língua na perspectiva discursiva". Videoaula 4 (22min8s). Disciplina Linguagens na Educação — Conteúdos, formas e relações na escola, curso Repensando o Currículo. Faculdade de Educação da Universidade de São Paulo, Núcleos de Apoio à Pesquisa/Instituto Iungo, 12 mar. 2021. Publicado pelo canal Programas Repensando o Currículo e Ativar! Disponível em: https://www.youtube.com/watch?v=Ef2bPvgMAQU. Acesso em: 27 nov. 2023.

_____. "Por que a aquisição da escrita é transformadora?" *Revista Internacional d'Humanitats*, São Paulo/Barcelona, n. 48, 2020. Disponível em: http://www.hottopos.com/rih48/121-130Silvia.pdf. Acesso em: 9 dez. 2023.

_____."Vigotsky: a pré-história da alfabetização". Videoaula (31min29s). Disciplina Alfabetização e Letramento, curso de Pedagogia, Univesp. Publicada pelo canal TV Univesp, 19 mar. 2019. Disponível em: https://youtu.be/knQriGhaiLo?si=w5oDKOEjoumOcCK_. Acesso em: 27 nov. 2023.

_____. "Devemos alfabetizar na educação Infantil?" In: BONIEK, Israel; ROMAGNANI, Patricia; SHUDO, Regina (orgs.). *Saberes de educação infantil*. Capinzal: Instituto Infâncias, 2023, p. 286-299.

CONEXÃO ESCOLA. "Informando #17: Alfabetização (introdução ao tema)". Apresentadora: Malu Ramos. Convidada: Silvia Colello. Vídeo (13min26s). Secretaria Municipal de Educação de Goiânia/Universidade Federal de Goiás, 23 ago. 2022. Disponível em: https://silviacolello.com.br/a-importancia-da-alfabetizacao. Acesso em: 27 nov. 2023.

CONEXÃO ESCOLA. "Informando #18: Alfabetização". Apresentadora: Malu Ramos. Convidada: Silvia Coello. Vídeo (13min17s). Secretaria Municipal de Educação de Goiânia/Universidade Federal de Goiás, 30 ago. 2022. Disponível em: https://silviacolello.com.br/principios-e-objetivos-da-alfabetizacao. Acesso em: 27 nov. 2023.

INSTITUTO CLARO. "5 perguntas sobre alfabetização". Entrevistada: Silvia Gasparian Colello. Vídeo (10min12s). Instituto Claro, 13 jun. 2019. Disponível em: https://www.youtube.com/watch?v=GMEiWk6n75Q. Acesso em: 27 nov. 2023.

MY NEWS ENTREVISTA. "Existe um jeito certo de alfabetizar?" Entrevistadora: Myrian Clark. Entrevistada: Silvia Colello. Vídeo (25min24s). Publicada pelo canal My News, 10 abr. 2019. Disponível em: https://www.youtube.com/watch?v=Jfox3FTzNDU. Acesso em: 27 nov. 2023.

UNIVESP TV. "Projetos didáticos em salas de alfabetização". Entrevistadora: Silvia Colello. Entrevistada: Elaine Gomes Vidal. Videoaula 8 (19min23s). Disciplina Alfabetização e Letramento II, curso de Pedagogia, Univesp, 15 maio 2019. Disponível em: https://cursos.univesp.br/courses/3026/pages/videoaula-8-projetos-didaticos-em-salas-de-alfabetizacao. Acesso em: 27 nov. 2023.

UNIVESP TV. "Práticas de ensino da língua escrita". Videoaula 9 (20min34s). Entrevistadora: Silvia Colello. Entrevistada: Claudia Aratangy. Disciplina Alfabetização e Letramento II, curso de Pedagogia, Univesp, 29 maio 2019. Disponível em: https://cursos.univesp.br/courses/3026/pages/videoaula-9-praticas-de-ensino-da-lingua-escrita?module_item_id=241996. Acesso em: 27 nov. 2023.

14

O milagre da geladeira alfabetizadora

Depoimentos de familiares do "Grupo de Debates Crianças na Escola... e Agora?"

"Eu me lembro dos muitos exercícios de coordenação motora. Para disfarçar essa chatice, a professora colocava uns desenhos nas pontas opostas dos traçados e dizia que a gente tinha que 'levar o coelhinho até a cenourinha'. Depois, tinha que ficar traçando letras no caderno de caligrafia... Lembro que dava muita dor na mão." (Adelina, avó de Felipe, de 4 anos e 1 mês)

"Tinha que juntar as letras das famílias silábicas, tipo BA, BE, BI, BO, BU, e às vezes a turma dava risada porque não dava para completar o mesmo exercício com a família do C. Nesse caso, só se falava CA, CE, CI, CO... Ainda por cima, eu nunca entendia por que a mesma letra tinha sons diferentes quando se juntava o C com o A ou com o E. Não tinha lógica!" (Renato, pai de Matheus, de 2 anos e 6 meses)

"Eu ficava horas sentada na mesa da cozinha da minha casa copiando letras e palavras, separando sílabas. É claro que eu não tinha o menor interesse nisso... Fazia essas lições de casa só para a professo-

Silvia M. Gasparian Colello

ra não ficar brava. No primário, eu fazia exercícios de gramática, e no colegial eram exercícios de análise sintática. Por isso, até hoje não gosto de Português." (Márcia, mãe de Tábata, de 4 anos e 2 meses)

Emilia Ferreiro, uma das mais consagradas pesquisadoras das relações entre o ensino e a aprendizagem da língua escrita, afirma que a alfabetização depende da quantidade e da qualidade das experiências vividas pelas crianças antes e ao longo da escolaridade (Ferreiro, 2002). Ao descartar a ideia — infelizmente bastante arraigada na nossa cultura — de que a alfabetização depende de exercícios de coordenação motora, de silabação, de cópia e de caligrafia, somos obrigados a admitir que alfabetizamos melhor quando oferecemos aos pequenos diversos tipos de texto; quando estimulamos diferentes situações enunciativas, com vários propósitos sociais e interlocutores; quando damos a eles a oportunidade de participar de muitas experiências de leitura e escrita; quando permitimos que leiam e escrevam "do seu jeito", antes mesmo de se apropriarem do sistema convencional; quando propiciamos estratégias de interpretação em diferentes textos; quando assumimos que até mesmo os pequenos são capazes de participar do mundo letrado e pensar sobre o funcionamento da língua escrita e; por fim, quando compreendemos que a alfabetização, mais do que uma aquisição técnica (reconhecer e traçar corretamente as letras, codificar e decodificar caracteres), representa o estabelecimento de uma relação positiva com a leitura e a escrita, a mesma relação que permite ao indivíduo, desde muito cedo, desejar aprender a língua escrita.

Na mesma linha de raciocínio, Delia Lerner (2002) afirma que a melhor maneira de ensinar a ler e escrever é criar um "ambiente alfabetizador", e Teresa Colomer (2007) defende a ideia de uma "comunidade de leitores". Na prática, tudo isso significa levar às crianças o mundo da escrita na pluralidade de gêneros, suportes e práticas para dentro de casa e da escola: contar histórias, ajudar a fazer uma lista de convidados para uma festa de aniversário, fazer um bolo seguindo uma receita culinária etc. Ainda assim, resta a dúvida: no caso das atividades vivenciadas informalmente pela família, como essas experiências impulsionam a aprendizagem e favorecem o aprendizado da língua escrita?

O caso da "geladeira alfabetizadora" é um exemplo que vale a pena considerar.

Todos os dias, enquanto a mãe se ocupava das tarefas domésticas na cozinha, sua filha Carla, de 3 anos e 8 meses, ficava em volta entretida com o que lhe aparecesse: quando não brincava com as tampas de panela, fingia fazer comidinhas com os potinhos do armário, subia nas cadeiras para pular no chão, lambia com o dedo a calda do pudim, escondia-se embaixo da mesa e às vezes até pedia para ajudar a guardar os talheres na gaveta... Era assim que a rotina corria naquela casa, mas com certeza em muitas outras, já que as famílias em geral costumam passar um bom tempo preparando as refeições e, depois delas, lavando a louça e arrumando os utensílios. Quer queira, quer não, a cozinha é também um importante ambiente de convivência social, e não se trata de um lugar qualquer, mas de um privilegiado afetivamente — circulação de todos, conversas, coisas saborosas para beliscar, cheiros apetitosos, refeições...

Pensando nisso, a mãe de Carla resolveu tornar a cozinha ainda mais atraente e, nas palavras dela, "cognitivamente atraente". Livrando-se dos adesivos que sempre se acumulam na porta da geladeira, ela colocou aí uma enorme quantidade de letras e números imantados e coloridos, deixando-os à disposição para serem explorados à vontade. Simplesmente isso! Cuidou para que não houvesse direcionamento algum, nenhuma sugestão de atividade, tampouco assumiu a "posição professoral" de quem quer ensinar. Qualquer diretividade poderia prejudicar o "clima" de desafio e provocação.

No início, a brincadeira era tirar e recolocar as letras do lugar, testando a força de atração do imã, e não demorou muito para que as letras, espalhadas pelo chão, fossem também lambidas e até mastigadas, já que o material emborrachado convidava a mordidas. No dia de faxina na cozinha, as pecinhas também ganhavam o "direito a banho", e Carla se divertia com essa tarefa — banhar as letras e os números e ainda brincar com bolinhas de sabão. Aos poucos, foram surgindo espontaneamente outras brincadeiras: agrupamentos por cor ou tamanho; criação de caretas, personagens, casinhas e objetos feitos de letras e números. Para quem dá asas à criatividade, tudo é possível! A verdade é que esses objetos nunca chegaram a ser naturalizados na cozinha porque o interesse por eles era sempre renovado com atividades diferentes.

Em uma visita da avó (e também sogra), surgiu o seguinte comentário: "Nossa, que geladeira mais congestionada, uma baita poluição visual!" A resposta veio docemente em tom de brincadeira: "Isso não é poluição; é uma geladeira pedagógica". E foi assim que a geladeira passou a ser chamada, mudando até o seu *status* — de simples eletrodoméstico, tornou-se uma "plataforma de entretenimento", "um campo de produção artística" e, pouco tempo depois, "uma geladeira alfabetizadora".

Não demorou muito para que Carla, por si só, iniciasse a série de questionamentos: "Qual é a letra do meu nome?" "Qual é a letra do nome da mamãe?" "Esse aqui é letra ou número?" "Qual é o número da minha idade?" "Como se chama essa letra?" Assim que os pedacinhos de borracha passaram a ser reconhecidos como marcas de representação, letras e números tornaram-se objetos de especial interesse, fazendo surgir os primeiros conflitos: "Por que a letra do meu nome é igual à letra do nome do papai?" "Porque só essa letra tem um chapeuzinho [referência ao pingo do i] e só essa tem um rabinho?" [referência ao ç] "Por que a letra o é igual ao zero?"

Em meio a tantas perguntas, surge uma demanda particularmente emblemática na construção da língua escrita: "Me ensina a escrever o meu nome?" Ainda que não compreenda a lógica do sistema alfabético, a possibilidade de grafar o próprio nome tem um significado enorme para a criança, e a sua intenção de escrevê-lo significa que ela está tentando compreender a função simbólica das letras. Uma vez memorizada a sequência de caracteres pela simples memória visual, ela pode transferi-la para outros suportes, por exemplo, passando a "assinar" os seus desenhos ou reconhecendo as marcas que identificam seus objetos pessoais. A partir disso, nasce também o interesse em saber como se escreve o nome de outras pessoas ou objetos (personagens conhecidos, comidas prediletas, brinquedos etc.), ou seja, ampliam-se as razões para lidar com a escrita e tentar compreendê-la.

A aquisição de letras convencionais e de palavras estáveis (conhecidas de memória) permite estabelecer parâmetros de comparação entre os caracteres e funciona como alavanca para escrever outras palavras e textos: "Será que o B de BEATRIZ ajuda a escrever B de BETO?" "Será que a palavra GALO ajuda a escrever GATO?" Logo a geladeira alfabetizadora vai ampliando as possibilidades e a viabilidade de produzir e ler textos: o registro de "boa noite" ao papai, um trava-língua, a letra de uma música... Desse modo, a criança vai também compreendendo as funções da escrita e diferenciando os gêneros textuais — por exemplo, um bilhete e uma piada. Os novos textos, por sua vez, renovam os problemas, trazendo outros desafios e questionamentos — "Por que FELIZ NATAL tem z e L?" "Alguém colocou um i de ponta-cabeça [referência ao sinal de exclamação] depois de PARABÉNS PELO SEU ANIVERSÁRIO!"

Impossível prever quantos problemas e perguntas podem surgir do desejo real de ler e escrever usando as letrinhas em-

Silvia M. Gasparian Colello

borrachadas. Nesse jogo de ideias, o mais importante é equilibrar o papel do adulto: o que pode informar, mas não abre mão da brincadeira; o que responde a perguntas com novas indagações; o que respeita as concepções infantis sem deixar de apresentar outros desafios; o que ensina sem pressionar e, dessa maneira, estimula a aventura da aprendizagem com a reflexão e a razão de ser da escrita.

É mais do que justo registrar que Carla, sem ser forçada, aprendeu a ler e escrever alfabeticamente com 5 anos e 1 mês — muito antes do que se prevê. Aprendeu de modo contextualizado, espontâneo e lúdico. Milagre da geladeira alfabetizadora? Claro que não! A menina se alfabetizou com facilidade porque, além da geladeira como campo de exploração linguística, vivia em um "ambiente alfabetizador". A mãe que providenciou as letrinhas imantadas era a mesma que, todos os dias, lia histórias e, invertendo papéis, tantas vezes ouvia as histórias contadas pela menina. A mãe que, depois de fechar os livrinhos, discutia com ela o enredo; convidava-a a pensar na continuidade ou num final diferente para os contos; imaginava os sentimentos dos personagens, problematizava as causas ou as implicações das ações deles. A mãe que ia às compras partilhando a lista de produtos com a filha, que com ela visitava bibliotecas infantis, que garantia a Carla livre acesso a uma prateleira, só sua, com livrinhos e revistinhas... E não só a mãe, mas também toda a família, que, por suas atividades cotidianas, constituiu uma verdadeira "comunidade de leitores". Escrita e leitura faziam parte da rotina daquela casa, não só pelos desafios de ler e escrever, mas também pelo prazer de transitar no mundo das letras e da literatura. Para sermos bem exatos, vale dizer que a geladeira alfabetizadora era apenas um elemento a mais na lógica daquela família.

Essa história pode ser perigosa se entendermos que o propósito da mãe foi realizar uma aprendizagem precoce. Muito pelo contrário, o maior mérito da história é justamente situar a alfabetização no curso das práticas cotidianas de brincadeira, comunicação, reflexão e aprendizagem; é compreender que cada criança tem o seu ritmo de aprendizagem na relação com o seu contexto de vida e com as experiências cotidianas.

O sucesso na alfabetização de Carla permite também compreender a situação de inúmeras crianças que, excluídas de ambientes letrados e forçadas a aprender por meio de cartilhas ou métodos artificiais e mecanicistas em meio à pressão de professores, engrossam o contingente dos analfabetos funcionais.

Para aqueles que se interessam em saber o desfecho desse caso, vale dizer que, depois de alguns anos, naquela casa, a geladeira alfabetizadora voltou a ser apenas uma geladeira.

Saiba mais

 SERRES, Alain; HEITZ, Bruno. *Como ensinar seus pais a gostarem de livros para crianças*. Podcast (5min23s). Publicado pelo canal PodContos do Pierre André, 15 set. 2021. Disponível em: https://www.youtube.com/watch?v=A-QNstDl2AA. Acesso em: 27 nov. 2023.

VIDAL, Elaine Cristina R. G. *Literatura e crianças — Um encontro necessário*. Santos: Pluralidade Singular, 2019.

15

Como as crianças aprendem a ler e escrever?

Ricardo, que aprendeu a escrever a letra de seu nome, afirma que é injusto seu colega Roberto usar a mesma letra. Marina se recusa a escrever "não há alunos na classe" porque acha impossível representar pessoas ausentes. Sofia afirma que, para que possam ser compreendidos, os textos devem estar acompanhados de imagens. Ana não concorda com a escrita de seu nome porque "aparecem letras repetidas". Rui gostaria que o seu nome tivesse mais letras já que, para ele, "com poucas letras não dá para escrever". Débora acha estranho que a palavra "gatinho" tenha mais letras que "gato". Renata, que está na hipótese silábica, não consegue interpretar as três últimas letras do seu nome. Por mais incrível que pudesse parecer aos olhos dos educadores até os anos 1980, essas crianças estão em pleno processo de alfabetização. Hoje, graças aos referenciais teóricos disponíveis, é possível vislumbrar (e até valorizar!) raciocínios inteligentes por trás de ideias aparentemente estapafúrdias. (Colello, 2023a, p. 288)

Aos olhos de muitos leigos, tão estranhos quanto as concepções e dúvidas das crianças sobre a escrita são os pedidos

Silvia M. Gasparian Colello

dos professores, muito frequentes nas escolas, para que elas "leiam do seu jeito" (pseudoleitura) e "escrevam do seu jeito" (escrita espontânea). Como se explica esse "novo modo" de alfabetizar?

Para aqueles que aprenderam a ler e escrever juntando letras para formar sílabas, sílabas para formar palavras e palavras para formar frases, pode parecer inconcebível outro caminho para a alfabetização. Isso porque a tradicional "didatização do ensino" costumava seguir uma direção bem delineada: um passo a passo proposto pelo professor ou pelo material didático, que ia "do supostamente mais fácil para o mais difícil", "da unidade dos fonemas e grafemas (sons e letras), passando pelas sílabas e chegando ao todo da palavra ou frase". No entanto, como vimos nos capítulos 13 e 14, esse modo tão organizado e adultocêntrico de ensinar não corresponde ao processo cognitivo entabulado pelas crianças na aprendizagem da língua escrita.

No contexto da nossa sociedade, repleto de manifestações de escrita e leitura, as crianças começam a pensar a respeito da língua desde muito cedo, questionando-se o que a escrita representa e como representa, e, ao se debruçarem sobre esse objeto cultural, vão também criando ideias acerca das suas funções, características e modo de funcionamento.

Elas podem, por exemplo, compreender que as marcas impressas em um livro de contos garantem que a história seja lida sempre da mesma maneira. Vendo os textos escritos, são capazes de aprender o traçado convencional das letras e até mesmo a escrita do nome delas. Ao acompanharem as leituras feitas no seu dia a dia, acabam se dando conta de que a interpretação dos caracteres se faz da esquerda para a direita (ou de cima para baixo) e, ainda, podem entender que a escrita serve para assegurar a lembrança (como em uma lista de supermercado), para ensinar a fazer um bolo (no caso de uma receita culinária) ou para marcar o dia, a hora e o lugar de uma festa (dados indispen-

Crianças na escola... E agora?

sáveis em um convite de aniversário). Nesse processo, vão também tecendo hipóteses, muitas vezes esquisitas aos olhos dos adultos, sobre as letras, as formas de escrever e de interpretar as marcas registradas no papel.

Ainda que "estranhos" à luz da escrita convencional, os exemplos dessas elaborações mentais evidenciam o esforço cognitivo da criança — um esforço criativo e endógeno, que merece ser incentivado não só porque faz parte da construção específica da língua escrita, como também, em dimensão mais ampla, pelo seu mérito de longo prazo de formar pessoas pensantes e inventivas. A cada passo desse longo processo, fica patente que a lógica do aprendiz tem caminhos próprios muito diferentes da lógica de quem quer ensinar.

Essa constatação, comprovada em meados dos anos 1980 por um grupo de pesquisadoras argentinas lideradas por Emilia Ferreiro, sacudiu a compreensão das relações entre o ensino e a aprendizagem, acabando por reeditar um princípio postulado por Jean Piaget (seu orientador de doutorado) desde meados do século passado: é preciso ajustar o ensino à aprendizagem e não o contrário.

Interessada em compreender as concepções das crianças sobre a língua escrita e, ainda, entender o percurso delas no processo de aprendizagem — os mecanismos que permitiam a passagem de uma ideia elementar para uma ideia mais elaborada e próxima do convencional —, Emilia Ferreiro ousou pedir a crianças não alfabetizadas que escrevessem "do seu jeito" (proposta aparentemente absurda) e, na medida do possível, explicassem o que fizeram. Os resultados desse trabalho[10] e dos muitos que se seguiram com o mesmo referencial teórico revolucionaram o próprio modo

---

10. Resultados publicados primeiramente nas obras *Proceso de alfabetización — La alfabetización en proceso* (Ferreiro, 1985) e *Psicogénesis de la lengua escrita* (Ferreiro e Teberosky, 1986).

de se compreender a alfabetização. Entre muitos aspectos estudados, destaca-se a elucidação da psicogênese da escrita, isto é, a sucessão de hipóteses conceituais da criança sobre o funcionamento do sistema alfabético. O quadro a seguir ilustra produções típicas e explica as principais etapas.[11]

HIPÓTESES CONCEITUAIS DA ESCRITA	EXEMPLOS DE ESCRITA ESPONTÂNEA
Pré-silábica — A criança compreende que a escrita, diferentemente do desenho, se compõe de traçados não figurativos, podendo usar rabiscos, letras inventadas ou até letras convencionais, mas sem relação com a escrita convencional. Para interpretar a escrita, faz uma leitura global da palavra.	B T A B A (escritas da palavra "boneca")
Silábica — A criança compreende que a escrita representa a fala, mas acha que cada letra deve representar uma sílaba, podendo ou não usar letras (vogais e/ou consoantes) com o valor sonoro convencional.	RIAR (= cho-co-la-te) OOAE (= cho-co-la-te) OCAT (= cho-co-la-te) EOTDXOLE (= eu-gos-to-de-cho-co-la-te)
Silábico-alfabética — A criança oscila entre os critérios silábicos e alfabéticos porque ainda não consegue escrever todas as palavras alfabeticamente.	PIUITO (= pirulito) ME PI ME COPO U PULITO (= Meu pai me comprou um pirulito)
Alfabética — A criança escreve alfabeticamente, mas não ortograficamente, e ainda com marcas de transcrição dialetal (escreve do modo como fala).	A GALINA COMI MILIU E U PATU NADA NU RIU (A galinha come milho e o pato nada no rio)

Da mesma maneira, a compreensão da leitura — sua natureza, funções e modos de interpretação — passa por uma sucessão de hipóteses. Em alguns momentos, as crianças acreditam na

---

11. Os primeiros estudos versaram também sobre vários outros aspectos da escrita considerados pelas crianças: quantidade e variedade de caracteres; relações entre desenhos e textos, letras e números, letras e pontuação; orientação da leitura; atos de leitura; leitura com e sem imagem; escrita do próprio nome; hipóteses de escrita, e interferência da escola nos processos de escrita.

Crianças na escola... E agora?

interdependência entre a leitura e as figuras, como se as imagens dessem "dicas para entender" o conteúdo, viabilizando a interpretação do escrito. Desse modo, para muitas crianças, uma página só com textos não poderia ser lida.

Em outros momentos, as crianças costumam distinguir o que está escrito do que se consegue ler. Por exemplo, a escrita de "menina bolo casa vovó" permitiria a leitura de "a menina comeu bolo na casa da vovó". Isso porque, do ponto de vista delas, os artigos e as preposições não poderiam tecnicamente ser registrados. E, assim como não dá para escrever essas palavras sem "concretude existencial", as crianças acham impossível registrar verbos, uma vez que as ações — circunscritas a um tempo presente, passado ou futuro — não teriam como ser fixadas no papel. Nessas pressuposições típicas, o que se pode registrar objetivamente (a princípio, só os substantivos) funcionaria como indício para a leitura.

O mais surpreendente é a comprovação de que as hipóteses de leitura e de escrita são feitas por crianças de lugares e línguas diferentes, persistindo mesmo entre aquelas já submetidas ao ensino regular.

Dessa perspectiva, justifica-se o princípio, defendido por educadores construtivistas de deixar as crianças lerem e escreverem do "seu jeito" — não para que permaneçam nas suas estranhas concepções, mas para que tenham oportunidades de testar suas hipóteses e, a partir delas, encontrem boas razões para substituir suas concepções por outras mais elaboradas e mais próximas do sistema convencional de escrita.

Portanto, resta aos pais e aos educadores incentivar e problematizar situações de leitura e de escrita. Seja através de práticas formais realizadas em parceria com as crianças (tais como contar e discutir histórias, produzir textos etc.), seja por meio de ações livres e exploratórias delas (pseudoleitura ou escrita espontânea), importa é que casa e escola sejam permeáveis ao mundo da escrita. Afinal, como já se disse tantas vezes, as crianças aprendem a ler e escrever lendo e escrevendo.

Saiba mais

 COLELLO, Silvia. "Emilia Ferreiro: um novo olhar sobre o processo de alfabetização". Videoaula 2 (17min36s). Disciplina Alfabetização e Letramento II. Publicado pelo canal Univesp TV, 20 mar. 2019. Disponível em: https://silviacolello.com.br/aula-2-emilia-ferreiro-um-novo-olhar-sobre-alfabetizacao. Acesso em: 27 nov. 2023.

 _____. "Psicogênese da língua escrita — Como se aprende a ler e escrever". Videoaula 3 (19min11s). Disciplina Alfabetização e Letramento II. Publicado pelo canal Univesp TV, 20 mar. 2019. Disponível em: https://silviacolello.com.br/aula-3-psicogenese-da-lingua-escrita-como-se-aprende-a-ler-e-escrever. Acesso em: 27 nov. 2023.

FERRARI, Marcio. "Emilia Ferreiro, a estudiosa que revolucionou a alfabetização". *Nova Escola*, São Paulo, 28 ago. 2023. Disponível em: https://novaescola.org.br/conteudo/338/emilia-ferreiro-estudiosa-que-revolucionou-alfabetizacao. Acesso em: 9 dez. 2023.

SCARPA, Regina. "Vamos deixar os pequenos escrever do jeito deles". *Nova Escola*, São Paulo, 31 jul. 2015. Disponível em: https://novaescola.org.br/conteudo/78/vamos-deixar-os-pequenos-escrever-do-jeito-deles. Acesso em: 27 nov. 2023.

 UNIVESP TV. "Alfabetização e a psicogênese da língua escrita". Vídeo (14min37s). Disciplina Conteúdos e Didática de Alfabetização, curso de Pedagogia, Unesp/Univesp, 17 dez. 2015. Disponível em: https://www.youtube.com/watch?v=HYD_UYxbF90. Acesso em: 27 nov. 2023.

PARA IR ALÉM

E se as crianças não aprenderem os conteúdos escolares?

A escola tem a obrigação de ensinar e, para tanto, deve prever diferentes processos de aprendizagem, já que nem todos os alunos partem do mesmo estágio de conhecimento, grau de motivação ou envolvi-

Crianças na escola... E agora?

mento; nem todos evoluem da mesma forma e no mesmo ritmo, o que é absolutamente normal.

Nos casos de maior defasagem de um estudante em relação ao grupo, a primeira iniciativa é o diálogo entre a escola e a família, a fim de buscar estratégias em comum para superar a dificuldade. Muitas vezes, condutas como acertar horários de sono, limitar atividades complementares, reduzir o tempo de exposição a telas (televisão, videogame, notebook, *tablet*, celular), mudar de lugar na sala de aula, conversar com o aluno e organizar a sua rotina de estudo podem ser suficientes para que ele tenha um desempenho mais produtivo.

Quando os problemas não são resolvidos, a escola tem o dever de tomar providências para a recuperação do aluno na própria sala de aula ou em horários no contraturno. Exceto nos casos em que os alunos, por alguma razão, se ausentaram da escola, a recuperação não é — ou pelo menos não deveria ser — a mera repetição do que se fez antes em sala de aula, já que a recomposição da aprendizagem não se faz pela insistência, mas pela busca de outras oportunidades de aprendizagem e novas alternativas de ensino, experiências potentes para a reelaboração dos conteúdos por assimilar.

Com esse objetivo, é indispensável o empenho dos educadores em compreender o quadro da não aprendizagem, evitando explicações reducionistas, pautadas pela acusação ao próprio estudante ("eu ensinei; ele é que não aprendeu" ou "ele tem dificuldade e está no limite do que pode dar"). Sendo um processo complexo, a construção do conhecimento está ligada de maneira intrínseca a muitos fatores (não necessariamente patológicos) da relação do sujeito com o seu mundo (qual é a razão que ele tem para aprender), da relação do mundo com a escola (o que a escola deveria ensinar) e, enfim, da relação da escola com o aluno (como a escola deveria ensinar). Em decorrência disso, vale dizer que muitos problemas de aprendizagem são, na verdade, problemas de ensino: crianças que deixam de aprender não porque tenham limitações, mas porque, em virtude da inadequação ou ineficiência das práticas pedagógicas, constituíram um frágil vínculo com os professores e com as demandas da escola, além de uma relação negativa com os conteúdos propostos, eventualmente até com o próprio conhecimento. Assim, acabam desenvolvendo mecanismos de resistência ou comportamento de apatia e desinteresse. Contrariando o natural interesse em compreender o mundo e a curiosidade que acompanhou os seres humanos ao longo da história, não são poucos os alunos que dizem: "Aprender é muito cansativo"; "As lições são chatas"; "Não gosto de estudar". Tais evidências fortalecem o princípio de que é principalmente na escola que se deve buscar caminhos para a superação das dificuldades (Colello, 2012a, 2019a, 2020).

O encaminhamento a profissionais especializados ou a procura de professores particulares — estratégia frequente que muitas vezes isenta a escola de suas responsabilidades — deveria restringir-se a casos específicos, quando comprovadas as necessidades de apoio ou atendimento paralelo à escola. No entanto, o direito a um diagnóstico (e, eventualmente, a tratamento clínico), garantido às famílias e aos estudantes com dificuldade, não deveria justificar posturas discriminatórias e excludentes na escola, tampouco configurar previsão de fracasso escolar. As escolas, e sobretudo os professores, precisam acreditar que todos podem aprender.

16

Lição de casa: sim ou não?[12]

**Depoimentos de familiares do
"Grupo de Debates Crianças na Escola... E Agora?"**

"Lá em casa, a lição da escola é sempre um transtorno, porque para quem trabalha fora não sobra muito tempo para acompanhar as crianças. Além disso, nem sempre tenho condições de fazer esse acompanhamento. Por exemplo, como eu posso ajudar na lição de inglês se não sei falar inglês? Ah... E tem também aquelas situações em que a gente acaba de chegar em casa, depois de uma longa viagem, no domingo à noite, e daí ele [o filho] lembra que tem que fazer uma pesquisa sobre os diferentes biomas no Brasil! Imagine só..." (Cristina, mãe de Ricardo, de 11 anos e 1 mês, de Sofia, de 9 anos e 2 meses, e de Ruan, de 5 anos e 4 meses)

"Eu gosto de acompanhar o momento em que a Bru faz as lições, porque é uma oportunidade para eu ver os cadernos dela e saber o que está rolando na escola." (Sarah, madrasta de Bruna, de 8 anos e 7 meses)

---

12. Este capítulo modifica e atualiza um artigo com título parecido produzido para o Programa de Formação de Professores da Editora FTD (2013), de acesso restrito.

Eis um tema no qual dificilmente haverá consenso: a lição de casa. Em vários países, o assunto vem sendo cada vez mais alvo de debate entre pais, educadores e escolas. Em consequência disso, surgem políticas públicas, decretos, normas e diretrizes que, outra vez, acabam sendo criticadas, mal interpretadas ou descumpridas. No jogo dos argumentos favoráveis e contrários às tarefas de casa, sobram argumentos divergentes, de que elas podem ajudar ou não ajudar na aprendizagem, no vínculo dos estudantes com a sala de aula e na aproximação das famílias com a escola. Em razão de tantos desacordos, importa compreender as diferentes alegações e justificativas, sintetizadas no quadro na página 148.

O balanço de argumentos favoráveis e contrários à lição de casa permite romper a própria dicotomia que sustenta a polêmica. De fato, não se trata de defender ou não os deveres de casa, mas de repensar como eles devem ser propostos pela escola. O problema não é a solicitação da tarefa em si ou a obrigação de executá-la, mas justamente os equívocos relacionados à *medida*, à *natureza* e às *expectativas* em relação ao que se solicita.

No que diz respeito à *medida*, importa dosar a quantidade de lições para não sobrecarregar o aluno. Importa também ajustar o grau de dificuldade: a lição tem de ser suficientemente fácil para que possa ser feita e, ao mesmo tempo, difícil a ponto de representar um desafio e uma contribuição efetiva para o aprendizado.

A consideração da *natureza* dos deveres de casa merece um destaque especial porque muitas vezes partimos do enganoso pressuposto de que a obrigação da tarefa representa necessariamente um fardo. Ora, por que as lições precisam ser enfadonhas ou cansativas? Por que não encarar o trabalho intelectual como atividade desafiadora, lúdica e envolvente? Ainda que seja despropositado confundir a escola com um parque de diversões, já que a seriedade do trabalho intelectual e os princípios de res-

Crianças na escola... E agora?

ponsabilidade devem ser cobrados, cabe defender atividades cativantes, que deem asas à imaginação e à criatividade, que incidam em áreas de interesse e de motivação da criança, como ler um livro divertido, ilustrar uma história, escrever sobre um episódio engraçado, estudar o papel de uma personagem para uma peça de teatro na escola, pesquisar sobre um tema para fazer um livrinho ou colecionar trava-línguas.

Por fim, importa flexibilizar as *expectativas* com a lição de casa, não só por causa da heterogeneidade dos alunos (seus saberes, habilidades e graus de envolvimento) como também em respeito à condição sociocultural das famílias. Nesse sentido, a ajuda dos pais merece ser considerada uma contribuição, não uma condição indispensável ao cumprimento da tarefa, razão pela qual a escola deve orientar as famílias sobre o seu papel na constituição das formas de apoio às crianças. A tão desejável participação dos pais na vida escolar dos filhos é digna da intermediação dos educadores, com vistas a uma convivência respeitosa e sincera, viabilizada em diversas formas de contribuição e parceria. Por um lado, esperar que as famílias assumam o papel provisório de professores no acompanhamento e na correção das lições é exceder limites e descaracterizar simultaneamente os papéis de pais e educadores; por outro, abandonar o aluno nas suas tarefas, sem um mínimo de apoio, pode configurar desleixo.

Se desejamos a parceria das famílias com a escola, o protagonismo dos estudantes e a corresponsabilidade de todos no projeto de aprendizagem; se o desafio é garantir o envolvimento dos alunos em atividades com potencial de criação e de reflexão; se o objetivo é a conquista da autonomia, do senso de responsabilidade e do espírito crítico, talvez seja possível reconsiderar os preconceitos que temos com a lição de casa, entendendo-a como uma estratégia adicional para a construção significativa do conhecimento, para a formação do estudante e para o fortalecimento do seu vínculo com a escola.

Argumentos a favor da lição de casa	Argumentos contra a lição de casa
• Contribui significativamente para o aprendizado por ser uma oportunidade de estudo, favorece a consolidação e a sistematização dos conteúdos escolares.	• Não contribui significativamente para o aprendizado, porque as atividades para a criança fazer sozinha repetem o que se faz na escola.
• Exercita a atenção e a concentração do estudante.	• Reduz o tempo de outras atividades igualmente importantes para as crianças, como brincar, praticar esportes, fazer cursos paralelos etc.
• Incentiva na criança estratégias de criação, produção, pesquisa e planejamento de atividades.	• A obrigação de entregar as tarefas, conferi-las e corrigi-las ocupa um período excessivo de trabalho dos professores.
• Contribui para organizar a rotina das crianças, equilibrando atividades de diferentes naturezas (cognitivas, recreativas, esportivas etc.).	• Representa uma sobrecarga para crianças que cursam a escola em período integral.
• Ajuda a formar o hábito de estudo e a desenvolver o gosto pela atividade intelectual.	• Representa uma sobrecarga para estudantes que trabalham ou têm outras tarefas domésticas.
• Contribui para o desenvolvimento da autonomia, do senso de responsabilidade, do autoconhecimento e da autoconfiança.	• A imposição de tarefas escolares fora do período letivo impõe obrigações da escola às famílias.
• Dá ao professor uma referência do que a criança aprendeu ou consegue fazer sozinha, assim como das suas dificuldades.	• Representa uma sobrecarga para os pais que não têm tempo para acompanhar as tarefas.
• Constitui uma oportunidade individualizada de reforço escolar para crianças com defasagem no aprendizado.	• Amplia as desigualdades na escola, porque muitos pais ou responsáveis não têm formação suficiente para ajudar os filhos nas lições.
• Auxilia o andamento das atividades escolares, porque, ao corrigirem coletivamente as tarefas, os professores têm a oportunidade de retomar tópicos, expor outras maneiras de resolver problemas, coletar dados de pesquisa de fontes variadas e compartilhar as produções.	• Representa um desgaste emocional para as crianças que não têm apoio apropriado em casa.
• Fortalece o vínculo e o engajamento dos estudantes na escola.	• Cria momentos de tensão na família quando os pais não têm paciência ou didática para ajudar os filhos.
• Serve de estímulo para pais e crianças organizarem locais de trabalho e estudo em casa.	• Prejudica as crianças que não têm um lugar adequado ou recursos em casa para cumprir as tarefas, gerando desigualdade entre colegas.
• É uma oportunidade privilegiada para os pais acompanharem os filhos na escola e para aproximar escola e famílias.	• Compromete o vínculo da criança com a escola, principalmente se as tarefas são excessivas, repetitivas, mecânicas e desgastantes.

Saiba mais

LORY, Nicolas; GOMES, Bianca. "Fim do dever de casa? Escolas brasileiras ensaiam abolir modelo, seguindo prática que ganha força em outros países". *Extra*, Globo.com, 22 maio 2023. Disponível em: https://extra.globo.com/brasil/noticia/2023/05/fim-do-dever-de-casa-escolas-brasileiras-ensaiam-abolir-modelo-seguindo-pratica-que-ganha-forca-em-outros-paises.ghtml. Acesso em: 27 nov. 2023.

RESENDE, Tânia F. "Dever de casa: questões em favor de um consenso". Pesquisa em Sociologia da Educação. Observatório Sociológico Família-Escola, Faculdade de Educação, Universidade Federal de Minas Gerais, Belo Horizonte, 2006. Disponível em: https://www2.unifap.br/gpcem/files/2011/09/GT14-Dever-de-casa.pdf. Acesso em: 27 nov. 2023.

 TV CULTURA. "Escolas discutem lição de casa". Vídeo (2min57s). *Jornal da Tarde*, TV Cultura, São Paulo, 23 maio 2023. Publicado pelo canal Jornalismo TV Cultura. Disponível em: https://youtu.be/hKwTSf5qoWA. Acesso em: 27 nov. 2023.

PARA IR ALÉM

Em dias de prova, é mesmo para ficar em pânico?

No imaginário popular, as provas aparecem como um grande drama na escola, justificando tensão e angústia de alunos e até de familiares. Em regra, ninguém se sente confortável ao ser avaliado, mas obviamente existe uma grande diferença entre alguma apreensão e o pavor paralisante. Além disso, nem sempre há acordo sobre métodos e critérios de avaliação, o que por vezes gera nos estudantes uma sensação de injustiça e até de perseguição pelos professores. A tendência de se apavorar numa prova se acirra ainda mais porque, no contexto da sociedade competitiva, o resultado significa estar à frente dos outros, garantir posições, ter privilégios e definir os rumos na vida, ampliando o sentimento de fracasso daqueles que não se saem bem. Porém, não deveria ser assim, principalmente com crianças pequenas.

Para os alunos que vivem em sintonia com a escola, envolvendo-se nas atividades, fazendo as tarefas, administrando bem o tempo de estudo e, sobretudo, gostando de aprender, a avaliação deveria ser apenas outro momento da rotina escolar; um momento capaz de proporcionar um importante *feedback* sobre o seu percurso e, ainda, sinalizar pontos e disciplinas que merecem atenção redobrada. O conjunto das provas apenas balizaria os processos vividos na escola, documentando, com algum grau de controle e sistematização, processos de aprendizagem, conquistas realizadas e pontos a serem retomados. Dessa perspectiva, cabe aos educadores o desafio de dar um sentido mais educativo às avaliações, seja ampliando as estratégias de aferição do aprendizado (elaboração de trabalhos, uso de portfólios, organização de seminários, produções em grupo e trabalhos dissertativos, em lugar de apenas testes objetivos), seja fazendo das provas instrumentos a mais de reflexão e resolução de problemas (os instrumentos de avaliação entendidos também como oportunidades de aprendizagem). Afinal, devemos testar só os saberes objetivos ou também os modos de compreender e interpretar o mundo? Quanto a esse questionamento, importa rever ideias bastante enraizadas na cultura escolar: a relação ensino-aprendizagem como equação de "toma lá dá cá"; a nota final, que se sobrepõe ao percurso do estudante; o critério dicotômico de certo e errado, que desconsidera as vias de raciocínio; a devolutiva pontual, independentemente das competências adquiridas; a priorização da prova única em detrimento de diferentes caminhos e oportunidades para demonstrar conhecimento; o X na alternativa correta, que não leva em conta a complexidade de variáveis; o saber estritamente escolar, apartado da cultura e do conhecimento de mundo.

17

Indisciplina na escola: problema de quem?[13]

Depoimentos de familiares do "Grupo de Debates Crianças na Escola... E Agora?"

"Educação se faz em casa; escola só tem que ensinar." (João, pai de Vitória, de 4 anos e 9 meses, e de Cauê, de 3 anos)

"Com tanta indisciplina na sala de aula, eu não consigo ensinar nada. Passo a maior parte do tempo tentando organizar a classe. Os pais não querem nem saber e a escola não toma iniciativa; acham até que o problema sou eu." (Suzana, professora do 4º ano do ensino fundamental e mãe de Tábata, de 7 anos e 3 meses)

"No meu tempo não tinha nada disso. Indisciplina e desrespeito eram resolvidos com castigo e isso era muito eficiente." (Filomena, avó de Stephanie, de 5 anos e 3 meses)

---

13. Este texto foi publicado no jornal *Folha de S.Paulo*, caderno Equilíbrio, p. 8, 29 jan. 2013, e republicado aqui com algumas alterações.

A indisciplina nas escolas brasileiras é fato. Alastrando-se em diferentes segmentos do ensino, a falta de limites, o desrespeito, a violência e o vandalismo são queixas que se multiplicam entre pais, professores e gestores.

A indisciplina representa um dos principais desafios enfrentados por educadores de todo o país. De acordo com a Pesquisa Internacional de Ensino e Aprendizagem, conduzida pela OCDE (Organização para a Cooperação e Desenvolvimento Econômico), o Brasil é o país que mais perde tempo em sala de aula tentando controlar os alunos tidos como bagunceiros.

O estudo identificou que os professores brasileiros dedicam, em média, 20% do tempo de aula tentando resolver problemas de comportamento da turma. Isso corresponde a 35 dias letivos perdidos ao longo do ano.[14]

Mas, afinal, de quem é o problema e como lidar com ele?

Quando a indisciplina é encarada como um monólito, isto é, um bloco de ocorrências uniforme e incompreensível, resta apenas o perverso jogo de incriminação: as escolas criticam os pais "que não educam os filhos", os professores incriminam os alunos supostamente "carentes e desequilibrados" e as famílias culpam o "ensino de baixa qualidade"; muitos apontam para "a crise de valores, um mal do nosso tempo".

Nesses casos, só resta defender-se das acusações, conformar-se com o que parece ser "inevitável" e remediar a situação em âmbitos específicos: o professor tenta controlar a classe, o aluno suporta o *bullying* dos colegas, os pais repreendem o filho rebelde. Cada um deles lida solitariamente com a situação,

---

14. LOPES, Marina; ABREU, Ronaldo. "Como lidar com a indisciplina e melhorar o clima escolar". *Porvir, Inovações em Educação*, São Paulo, 23 maio 2023. Disponível em: https://porvir.org/como-lidar-com-a-indisciplina-e-melhorar-o-clima-escolar. Acesso em: 27 nov. 2023.

Crianças na escola... E agora?

como se o problema fosse pessoal. Pior que isso, nem sempre sabem o que fazer.

Se, por outro lado, a indisciplina fosse compreendida na sua complexidade, buscando-se, em cada caso, captar a conjugação de fatores sociais, institucionais, pedagógicos, afetivos e relacionais, o desafio poderia ser enfrentado na parceria responsável entre famílias, escolas e poder público. Um enfrentamento capaz de lidar com a gênese do problema (e não só com os efeitos), articulando o projeto educativo à formação ética dos alunos. Assim, a disciplina deixaria de ser um requisito para a eficiência escolar, passando à condição de meta do projeto pedagógico, tão legítima quanto ensinar conteúdos.

Enfrentar a indisciplina requer medidas conjugadas em diferentes planos de intervenção. Na *esfera sociopolítica*, cabe investir na valorização da vida, do trabalho, da educação e da escola. No que tange à *cultura*, importa promover a democratização dos bens culturais, fomentando iniciativas de lazer, esporte e inserção social da juventude. No *âmbito escolar*, é preciso cuidar da capacitação dos professores e fortalecer o projeto pedagógico com base em sólidas diretrizes para a formação humana. A *cooperação entre pais e educadores* mostra-se igualmente indispensável para reconfigurar a vida estudantil, pois a negociação de metas e linhas de conduta favorece a educação em valores, a conquista de posturas críticas entre os alunos e a construção de princípios de convivência social.

Dessa perspectiva, talvez se possa responder à questão de modo efetivo: a indisciplina escolar é um problema de todos nós.

Saiba mais

BERNARDO, Nairim. "Indisciplina: o que é e o que parece ser, mas não é". *Nova Escola*, São Paulo, 15 jan. 2016. Disponível em: https://novaescola. org.br/conteudo/7727/indisciplina-o-que-e-e-o-que-parece-ser-mas-nao-e. Acesso em: 27 nov. 2023.

> COLELLO, Silvia M. Gasparian. "Indisciplina vs. ambiente escolar (parte 1)". Depoimento em vídeo (11min50s). Publicado pelo canal Boa Vontade TV, 1 jul. 2014. Disponível em: https://silviacolello.com.br/indisciplina-vs-ambiente-escolar-2. Acesso em: 27 nov. 2023.
>
> "O QUE é indisciplina". *Nova Escola*, São Paulo, 1 out. 2009. Disponível em: http://bit.ly/466Jsvb. Acesso em: 27 nov. 2023.

PARA IR ALÉM

Crianças tímidas têm desvantagem na escola?

> Em qualquer lugar as pessoas tímidas podem encontrar barreiras para se expressar, interagir, manifestar dúvidas, mostrar sentimentos, defender pontos de vista e fazer amigos. Isso não significa que tenham menos condição de aprender, contribuir em sociedade e ser bem-sucedidas. No entanto, com crianças pequenas, essas dificuldades costumam ser mais prejudiciais por causa do despreparo (ou da omissão) de muitas escolas para lidar com personalidades diferentes. Além dos prejuízos sociais, a dificuldade de participação em classe pode comprometer a aprendizagem, isolando ainda mais o estudante. Isso justifica a preocupação dos pais, o acompanhamento atento dos professores e a mediação deles em situações específicas — não para reverter um traço de personalidade, mas para garantir o direito à voz, à expressão e à integração na sala de aula. Para tanto, são importantes as estratégias de aproximação pessoal dos professores com a criança, a valorização explícita de tarefas elaboradas, o cuidado no modo de expor o aluno, os trabalhos em dupla ou em grupos pequenos, a orientação na organização de trabalhos coletivos, os momentos garantidos de escuta e de diálogo com a turma.

18

Bullying: como acontece e o que pode ser feito?

Depoimento de familiar do "Grupo de Debates Crianças na Escola... E Agora?"

"Eu não gosto da escola... Lá, [os colegas] zoam comigo, me batem, me xingam. Me chamam de 'Dumbo quatro-olho'. Quando a profe não está vendo, eles pegam as minhas coisas e até me batem, e eu ainda não posso nem chorar porque aí a gozação piora. Teve um dia que eu fiquei com vontade de sair correndo e sumir." (Sofia, de 9 anos e 3 meses, segundo sua mãe, Cristina)

Como fenômeno social inerente às relações humanas, as práticas de violência, agressão e assédio dentro e fora da escola sempre existiram. No entanto, o aparecimento no Brasil do termo *bullying* (que vem diretamente do inglês e significa intimidação, assédio) sintetizou as modalidades de provocação e de ameaça entre crianças e jovens. Alguns estudos revelam que cerca de 40% dos estudantes em todo o mundo sofrem intimidações ao longo da vida escolar. No Brasil, o termo começou a ser usado no início dos anos 1990, e o problema se agravou de tal modo que acabou por revelar o despreparo de muitas escolas para lidar com ele.

Refletindo valores sociais de intolerância, discriminação, preconceito, racismo e homofobia, as atitudes de humilhação do outro podem ter origem muito precoce, quando crianças de 5 ou 6 anos, que estão aprendendo a lidar com as relações sociais, incorporam padrões tortuosos de avaliação e de julgamento, sem ter clareza dos efeitos nefastos que causam. Mas, diferentemente desses esporádicos episódios de tensão entre os alunos menores, o *bullying* em si caracteriza-se por ações sistemáticas e direcionadas. Das manifestações a princípio difusas, os comportamentos mais típicos costumam evoluir em diversas formas de manifestação. Assim, embora o termo *bullying* tenha contribuído para a conscientização de um problema escolar frequente, ele parece muito genérico para a consideração de seus diferentes significados.

Nos primeiros anos de escolaridade, o *bullying* costuma se concretizar pela reprodução de insultos proferidos em situações mais específicas do cotidiano escolar, como chamar de "burro" um colega com reconhecida dificuldade. Depois, o *bullying* aparece em comportamentos inadequados (gestos, toques, imitações estereotipadas e caretas) ou pela difamação com apelidos pejorativos — maneiras de chamar a atenção para si mesmo, supostamente "fazendo graça". Evolui a seguir, com direção bem definida, para atitudes persecutórias, pretendendo injuriar o outro por causa de características físicas, sociais ou emocionais.

Na adolescência, o *bullying* tende a constituir um jogo de forças que, por meio de violência verbal, física, simbólica ou virtual (*cyberbullying*, ou assédio virtual), pretende validar posturas de dominância e autoafirmação. Por fim, o *bullying* se manifesta por meio de gangues que, em nome de uma bandeira ou da defesa de uma eventual causa, usam de agressividade em graus alar-

Crianças na escola... E agora?

mantes, ampliando ainda mais as estratégias de zombaria, rejeição, humilhação e ameaça.

Ante qualquer indício de intimidação dos filhos, os pais devem recorrer à escola e esta, por sua vez, não deve fugir à responsabilidade de lidar com o problema com objetividade e precisão. Isso porque as consequências danosas, quando não enfrentadas sistematicamente, tornam-se progressivas e profundas. Atitudes que começam de modo sutil — muitas vezes camuflada pela aparência de brincadeira — tendem a se transformar num conjunto de agressões que, além de comprometer a autoestima dos alunos visados, o vínculo deles com a escola e o seu desempenho escolar, pode gerar isolamento, depressão, crises de pânico, ansiedade e distúrbios alimentares, entre outros problemas de saúde. Em muitos casos, justificam até a evasão escolar e, no futuro, costumam ainda acarretar prejuízos ao equilíbrio mental e à vida social, afetiva ou profissional da pessoa assediada.

De forma paradoxal, o agressor, em tese tido como culpado, é também vítima da situação: um indivíduo que merece a atenção dos educadores e eventualmente até de profissionais especializados, por sua imaturidade ou desequilíbrio no seu modo de convívio social. De alguma maneira, a agressão sistemática é sustentada por desejos, pulsões e motivações que, de maneira consciente ou inconsciente, marcam estados de fragilidade ou comprometimento emocional e psíquico.

O necessário combate ao *bullying* pressupõe desnaturalizar a agressividade como componente indispensável à constituição de mecanismos de autodefesa e autopreservação — é incorreta a ideia de que a pessoa só aprende a se defender quando agredida. Pressupõe também superar a omissão de muitos educadores, que preferem não se envolver ou não se sentem preparados para lidar com a violência. Em atitudes de suposta reparação, é comum eles coibirem o *bullying* com repreensões e punições, que, por sua vez, acabam por fomentar ainda mais agressividade, em atos de vingança retroativos. Nesses casos, as agressões, sobretudo se reprimidas pela força ou negociadas no "fogo das emoções", podem acabar mal resolvidas, ocasionando comportamentos difusos e dissimulados, mas não menos cruéis. Em que pese a urgência de interferir no momento da provocação, as intervenções pontuais, que apenas tentam remediar as ocorrências em atos específicos de *bullying*, estão longe de lidar com as raízes e a complexidade do problema.

As experiências mais eficientes de combate ao *bullying* partem de quatro iniciativas conjugadas: escuta, diagnóstico, condutas e projetos articulados de prevenção e intervenção. Quanto à primeira, trata-se de ouvir alunos, professores e pais a fim de captar os valores da comunidade e o significado das tendências ou manifestações mais típicas. Para fazer um diagnóstico abrangente, importa mapear onde, como e por quê acontecem as provocações, quem as pratica, quem as sofre e como o grupo as avalia. A partir disso, a escola pode traçar condutas em parceria com os familiares, para configurar o ambiente estudantil pelo exemplo, por referências comportamentais éticas, por padrões de coerência nos modos de negociar e pelo diálogo constante. Por fim, é preciso conceber projetos de trabalho pautados por iniciativas de conscientização, o que se faz por meio de sensibilizações lúdicas, experiências literárias, dramatizações, campanhas, debates, estudos e seminários. Tão importante quanto os conteúdos escolares é um plano preventivo de educação em valores que engendre comportamentos autônomos e responsáveis ao longo de toda a vida escolar e social.

Em âmbito mais amplo, o enfrentamento do *bullying* pressupõe políticas educacionais que não só favoreçam a consciência do problema nas esferas social e educativa, como também apoiem a formação de professores e as iniciativas em prol da segurança e da boa convivência nas escolas.

Em síntese, dentro ou fora das salas de aula, é primordial que, pela força da ação coletiva, sistemática e pedagogicamente planejada, as posturas anti-*bullying* e os valores que as sustentam sejam incorporados ao dia a dia de todos. Se o problema do *bullying* aparece nas escolas como vetor corrosivo da educação, é exatamente nelas que a intolerância, a violência e as formas de agressão devem ser combatidas.

Saiba mais

 BBC News Brasil. "O bem-sucedido método para acabar com o *bullying* nas escolas". Podcast (11min51s). BBC News, BBC World Service, 19 maio 2022. Disponível em: https://youtu.be/kpOX2j4EjoE?si=AqkY5lUmlsglo8wX. Acesso em: 27 nov. 2023.

Brasil. Lei nº 13.185, de 6 de novembro de 2016. Institui o Programa de Combate à Intimidação Sistemática (*Bullying*) em todo o território nacional. Disponível em: https://www.planalto.gov.br/ccivil_03/_ato2015-2018/2015/lei/l13185.htm. Acesso em: 27 nov. 2023.

_____. Ministério da Educação. "Especialistas indicam formas de combate a atos de intimidação". Ministério da Educação, Brasília, [s/d]. Disponível em: http://portal.mec.gov.br/component/tags/tag/34487. Acesso em: 27 nov. 2023.

19

Mais um ano letivo: o que dizer da volta às aulas?

**Depoimento de familiar do
"Grupo de Debates Crianças na Escola... E Agora?"**

"Não entendo... Meu filho frequenta a mesma escola há vários anos; conhece as normas, as dependências e, com certeza, a maior parte dos colegas, mas todo início de ano letivo ele fica na maior ansiedade. É como se começasse tudo de novo! Além de tomar todas as providências concretas, como a compra de material, o que mais eu posso fazer para prepará-lo para esse momento?" (Juliana, mãe de Jean Carlo, de 9 anos e 2 meses)

Sobre a volta às aulas, vale lembrar que todo início de ano letivo marca um recomeço da vida estudantil, com novas configurações, metas, desafios e expectativas, o que impõe indiscutivelmente um processo de readaptação.

Com maior ou menor grau de consciência, a ansiedade dos pequenos reflete essa percepção, constituindo-se de modo compreensível e até legítimo para lidar com tantas novidades e incertezas.

Dessa perspectiva, mais que um momento pontual de reorganização da rotina, a circunstância marca um período especialmente oportuno para a conscientização e a retomada de projetos compartilhados em família. Assim, ao mesmo tempo que os pais ou responsáveis tomam medidas específicas para garantir o material didático, a compra de uniformes, a logística de condução das crianças e a acomodação de horários, eles devem também conhecer a proposta de ensino da escola, as estratégias de adaptação, as normas da instituição e a organização prevista pelos professores nas salas de aula. Dessa maneira, podem mediar o ingresso ou reingresso das crianças na escola de forma segura, evidenciando para os filhos a valorização atribuída ao estudo e ao processo formativo.

Muitos pesquisadores, como é o caso de Bernard Charlot (2013), demonstram como a postura das famílias pode respaldar o posicionamento dos estudantes no enfrentamento da vida escolar, preparando-os tanto para as rotinas como para eventuais dificuldades. De modo inverso, são muitas as crianças que, em face de referências difusas dos familiares sobre a escola, se sentem perdidas. Por isso, respeitando as especificidades de cada faixa etária, é preciso conversar com as crianças sobre a escola, partilhando opções assumidas, discutindo procedimentos e metas, esclarecendo dúvidas e motivando-as para os desafios sociais e pedagógicos.

Nesse esforço de negociação, importa também resgatar trajetórias, situando-as nos "tempos de escolaridade" (vividos e por viver) para que elas possam ter uma dimensão da escolaridade como processo. No que diz respeito ao passado, vale considerar a necessidade de lidar (ainda) com os efeitos reminiscentes da pandemia, promovendo o fortalecimento da aprendizagem e os modos de convivência social nas salas de aula, sobretudo para resgatar o vínculo das crianças com a escola e a relação delas como o conhecimento. No que toca o presente, importa prepará-las para as novidades que dificilmente podem ser antecipadas no período de férias: os novos professores, amigos, tópicos de trabalho e aprendizados. Estar aberto ao inédito e inusitado é a melhor forma de viver a escolaridade de modo autônomo. Finalmente, na consideração do futuro, entender a vida estudantil como uma trajetória de longo prazo é um importante aval para que se possa, em parceria com os filhos e desde muito cedo, investir em projetos de vida.

Iludem-se aqueles que, por subestimarem a capacidade de compreensão das crianças, não vislumbram as possibilidades conjuntas e necessárias de construção e fortalecimento da vida escolar.

> **Saiba mais**
>
> "Educadora Silvia Colello dá dica sobre a volta às aulas". *UOL Notícias*, portal UOL, [s/l], 3 fev. 2009. Disponível em: https://www.uol.com.br/esporte/videos/videos.htm?id=educadora-silvia-colello-da-dicas-sobre-a-volta-as-aulas-0402316CDCC95326. Acesso em: 27 nov. 2023.
>
> "Volta às aulas sem estresse: 8 dicas para um retorno tranquilo". Comportamento, Canguru News, [s/l], 28 jul. 2023. Disponível em: https://bit.ly/4oIP9i4. Acesso em: 27 nov. 2023.

20

O papel de pais e professores na vida escolar

Depoimentos de familiares do "Grupo de Debates Crianças na Escola... E Agora?"

"Se eu não entendo nada de educação, como vou discutir o tema ou dar sugestões aos professores? Já fiz a matrícula em uma boa escola para não ter que me preocupar. Agora, eles [os professores] é que têm que ensinar." (Ana, mãe de Giulia, de 7 anos e 9 meses)

"As escolas são fracas e as crianças, dispersivas. Se nós, aqui em casa, não corrigirmos toda a lição e não ensinarmos coisas por fora, o Cauê não aprende. Se eu não ficar do lado dele, nem as tarefas ele faz! Eu faço ele estudar e garanto que ele copie e decore os pontos da prova. Se é para ter boas notas e passar de ano, os pais têm que ser um pouco professores." (Camila, mãe de Cauê, de 10 anos e 2 meses, e de Priscila, de 7 anos e 5 meses)

Na relação muitas vezes conturbada entre as famílias e a escola, de um lado há pais que, incorporando a função de professor, pretendem interferir na vida escolar dos filhos (como Camila); de outro lado, famílias (exemplificadas por Ana) que, por motivos diversos, acabam se excluindo da vida estudantil das crianças, descomprometendo-se do necessário acompanhamento em toda a escolaridade.

Partindo do pressuposto de que a educação é um direito da criança assegurado mais diretamente pela família e pela escola, é preciso situar os papéis: pais são pais e professores são professores. Misturar ambas as funções é incorrer no risco de perder a especificidade das relações, confundindo vínculos familiares e sociais, domésticos e escolares. A educação escolar é uma tarefa para profissionais, mas a competência pedagógica dos educadores não pode dispensar a parceria dos pais. Guardados os devidos âmbitos de responsabilidade, inúmeras situações têm demonstrado que a aproximação entre famílias e escola está bastante associada ao bom desempenho dos estudantes e ao sucesso da vida escolar.

Para explicar a natureza desse compromisso mútuo, três palavras são decisivas: *parceria*, *diálogo* e *cumplicidade*. *Parceria*, porque a relação família-escola funda-se em ambas as esferas de responsabilidade e de comprometimento. *Diálogo*, porque a conversa respeitosa e construtiva é a melhor estratégia para fortalecer propostas pedagógicas, resolver dúvidas, diluir conflitos e definir encaminhamentos na vida dos estudantes. Em outras palavras, é do diálogo que vem a confiança, outro quesito fundamental para a boa relação família-escola. *Cumplicidade*, porque pais e professores, por caminhos diferentes e com papéis diferentes, associam-se na realização de um mesmo projeto educativo. Isso significa manter constantemente abertos os canais de intercâmbio para partilhar linhas de conduta, desenvolver valores coerentes, discutir dificuldades específicas, apresentar propostas de ensino e acompanhar o desempenho dos alunos. Em síntese, cabe às escolas acolher as famílias e aos pais, estar presentes na vida escolar.

Parceria, diálogo e cumplicidade entre pais e filhos são também as bases de sustentação de todo o percurso estudantil, sobretudo quando, juntos, eles discutem desafios, compreendem problemas e comemoram conquistas. Se, por um lado, é importante que as crianças percebam no dia a dia quanto a família valoriza a escola no projeto de vida, por outro, ao abrir espaço para a cultura e o conhecimento no âmbito extraescolar, os pais acabam fortalecendo posturas indispensáveis do aluno (interesse, curiosidade, comprometimento com as tarefas, esforço para aprender etc.). A esse respeito, tanto quanto possível, vale favorecer leituras, visitar museus, ir a exposições, parques e teatros, assistir a bons filmes e frequentar centros culturais.

Sustentando a estreita sintonia entre afetividade e cognição (Arantes, 2003), cabe às famílias possibilitar condições objetivas para que crianças e jovens cheguem às salas de aula com apoio necessário para lidar com a vida escolar:

- condições formais, como a proposição de uma rotina equilibrada;
- condições materiais, por exemplo, organização de uniformes, material didático e locais de trabalho em casa;
- condições funcionais, tais como orientação a respeito de horários, condições de estudo e organização da rotina;
- condições psicológicas, como apoio em situações de insegurança ou a preparação dos filhos para se adaptarem à escola;
- condições sociais, tais como o investimento em princípios de convivência e de respeito;
- condições éticas, por exemplo, incentivo à constituição de valores e de posturas conscientes e responsáveis.

Dito de outro modo, cabe aos pais apoiar o ensino e mediar a relação dos filhos com a aprendizagem, valorizar o esforço deles e dos professores e sobretudo partilhar as expectativas de um

Silvia M. Gasparian Colello

presente valioso em si, apontando ao mesmo tempo para um futuro desejável.

É claro que qualquer negociação entre pais, educadores, crianças e jovens vincula-se diretamente às especificidades da progressão estudantil. A partir do significado mais tipicamente atribuído pelos alunos à escola em cada fase, importa situar os desafios de cada segmento (o que está em jogo na vida escolar) para definir o papel dos pais em parceria com os educadores (Colello, 2001; 2015). Sem a pretensão de esgotar princípios e diretrizes de apoio, o quadro nas páginas 169 e 170 sintetiza, com base nas principais ênfases, os papéis das famílias em parceria com os educadores.

Na tentativa de apreender a complexidade do quadro e o seu caráter necessariamente incompleto, provisório e flexível (é impossível estabelecer parâmetros rígidos na condução e no acompanhamento da vida escolar), algumas considerações merecem destaque. Para a criança que ingressa na educação infantil, a escola é "coisa de outro mundo", um "espaço inédito", pois difere completamente do ambiente doméstico. Um único dia na sala de aula pode significar uma verdadeira revolução no modo como ela vê o mundo, não só pela novidade de conviver entre iguais, como também pela organização peculiar de tempos e espaços na sucessão de atividades — práticas sequer vislumbradas até então. Além disso, a escola, até mesmo a de educação infantil, tem apelos e exigências que diferem dos que a criança poderia prever. Nesse contexto, mais que situações inusitadas, o que está em jogo são as novas relações afetivas, principalmente a formação de um vínculo de segurança com professores. Afinal, saber "quem vai ser responsável por mim" ou "em quem eu posso confiar" é condição fundamental para quem entra pela primeira vez em uma sala de aula. Assim, o papel conjunto de pais e professores, nesse momento, concentra-se em transmitir segurança às crianças para que lidem com tantas novidades.

Crianças na escola... E agora?

	Educação infantil	EF-I: 1º e 2º anos	EF-I: 3º ao 5º ano	EF-II: 6º ao 9º ano	Ensino médio
Significado da escola para o aluno	Escola como espaço inédito para o brincar	Escola como espaço de aprender: agora é para valer	Escola como espaço plural: muitos jeitos de ser e de aprender	Escola como um espaço a mais no contexto de vida	Escola como estratégia para a constituição da vida futura
O que está em jogo no segmento	• Adaptação: novas vivências, espaços e rotinas • Ampliação das oportunidades de aprender e estabelecimento de novos vínculos com o saber • Encontro com iniciativas mais sistematizadas de aprendizagem • Experiências de autoconhecimento • Novas relações sociais e afetivas	• Readaptação à vida escolar • Organização do autoconhecimento e do autoconceito • Mobilização para aprender novos conteúdos • Percepção dos desafios do aprender ("síndrome do 1º ano") • Novos critérios de agrupamento social e estabelecimento de modos de convivência no grupo • Novas experiências afetivas	• Aparecimento do autoconceito escolar • Motivação e desafios do aprender • Princípios de organização e autonomia estudantil • Fortalecimento dos grupos de convivência e de colaboração • Organização, autonomia e independência nas práticas escolares (aprender a aprender)	• Readaptação à vida escolar em virtude da dispersão da referência docente, dos contextos de ensino diversificados e da percepção das múltiplas cobranças • Redefinição de identidade, autoimagem e autoconhecimento • Fortalecimento do autoconceito escolar • Oscilação da motivação para aprender • Fortalecimento dos grupos de convivência e de colaboração • Reorganização da vida escolar, fortalecendo a autonomia e a independência nas atividades (aprender a aprender)	• Projeção da vida escolar pela necessidade de equilibrar o plano social, as demandas estudantis e o projeto de vida • Conflitos relativos às tomadas de atitudes (desejos e possibilidades reais de formação; vida social, estudantil e profissional; projetos em longo prazo e imediatismos) • Avaliação das opções de formação escolar e profissional • Percepção das pressões sociais na relação com o papel da escola • Organização das atividades dos estudantis com independência, autonomia e responsabilidade • Fortalecimentos dos grupos de convivência e de colaboração

	Educação infantil	EF-I: 1º e 2º anos	EF-I: 3º ao 5º ano	EF-II: 6º ao 9º ano	Ensino médio
Significado da escola para o aluno	Escola como espaço inédito para o brincar	Escola como espaço de aprender: agora é para valer	Escola como espaço plural: muitos jeitos de ser e de aprender	Escola como um espaço a mais no contexto de vida	Escola como estratégia para a constituição da vida futura
Papéis da família em parceria com os educadores ao longo da vida escolar	• Promoção da segurança • Apoio direto à vida escolar (aspectos funcionais e materiais) • Incentivo para novas experiências e estímulo à curiosidade	• Fortalecimento da autoestima • Apoio direto à vida escolar (aspectos materiais) • Incentivo à aquisição de conhecimentos e valorização da vida escolar • Mediação nas práticas de socialização	• Estímulo à organização, à responsabilidade e à confiança em si • Acompanhamento direto da vida escolar • Percepção e vivências de valores	• Ampliação do significado social da escola • Fortalecimento da autoconfiança e do protagonismo • Estímulo à organização, à autonomia e à responsabilidade • Acompanhamento das mudanças pessoais e do aparecimento de novos interesses • Acompanhamento da vida escolar em constante negociação com o adolescente • Delineamento claro de posturas com base em limites e possibilidades • Fortalecimento do espírito crítico e da consciência sobre valores	• Ampliação do significado social da escola • Fortalecimento da autoconfiança e do protagonismo • Cobrança de autonomia, organização e responsabilidade • Acompanhamento de mudanças e compreensão de angústias • Parceria na projeção de metas e na definição de atitudes • Acompanhamento indireto da vida escolar, em constante negociação com o jovem • Negociação de posturas com base em limites e possibilidades • Fortalecimento do espírito crítico e da formação ética

Vale também, na medida do possível e da motivação dos alunos, criar oportunidades para partilhar situações vividas, incentivando a assimilação de experiências, aprendizados e conquistas. Paralelamente às atividades em si, o apoio direto funcional (como situar a criança na sala de aula, preparando-a para as atividades) e material (a organização dos objetos pessoais, mochila, lancheira etc.) merece a atenção dos adultos em nome das boas condições de permanência na escola.

O ingresso no 1º e no 2º ano do ensino fundamental constitui um verdadeiro rito de passagem. A sensação de "agora é escola para valer" paira na cabeça das crianças com a simultânea conotação de ruptura e emancipação, ainda que contrarie o empenho dos educadores para atenuar a fenda (muitas vezes um abismo) entre a educação infantil e o ensino fundamental. Contudo, o modo como elas vão lidar com essa "outra escola" é incerto: para algumas, prevalece o desafio positivo de aprender "coisas importantes" (como a alfabetização) ou ter novos amigos; para outras, fica a melancolia de brincadeiras, espaços, companheiros e professores perdidos. Essa circunstância, aqui denominada de "síndrome do 1º ano", pode ocorrer entre o último ano da educação infantil e os primeiros anos do ensino fundamental, quando a criança — sobretudo a que concebia a escola como lugar essencialmente de brincadeira — percebe as exigências escolares e descobre que aprender exige esforço.

É também nessa época que o aluno, no convívio com os colegas, descentra-se dos próprios pontos de vista e coloca em xeque o seu "eu". Como o outro passa a ser um referencial para si, algumas crianças registram diferenças que afetam o seu autoconceito (por exemplo, "fulano desenha melhor do que eu, mas a minha letra é mais bonita"). Assim, as vivências e as percepções que até então contribuíam para o autoconhecimento passam a ter um impacto considerável no autoconceito, isto é, o modo como a criança se vê e se percebe entre os demais.

Nesse contexto psicoafetivo, além do apoio concreto à vida escolar (garantia de condições objetivas para ela), cabe aos pais e professores fortalecer a autoestima e a motivação dos filhos para construir novos conhecimentos: eles precisam acreditar que podem errar e aprender; ter dúvidas e superar dificuldades; dedicar-se a atividades supostamente difíceis e, a seu modo, conseguir concluí-las. Em síntese, importa compreender que, se a conquista do conhecimento dá trabalho, o saber, em contrapartida, pode ser bastante compensador.

Entre o $3^{\underline{o}}$ e o $5^{\underline{o}}$ ano do ensino fundamental, a escola, até então vista em uma perspectiva global ("a escola é legal" ou "a escola é chata"), passa a ser percebida como um "espaço plural" com muitas atividades e motivações, o que justifica as afirmações contrastantes sobre a rotina: "A aula de Matemática é difícil, mas a de Educação Física é bem divertida"; "Eu gosto mais do recreio do que da hora de fazer as lições"; "Eu tenho muitos amigos, mas prefiro fazer as tarefas sozinho". Em decorrência dessas percepções diferenciadas, o autoconceito acadêmico (conscientização do próprio gosto e das habilidades em diferentes campos de estudo) pode se fundir ao autoconceito em si. Afirmações como "eu sou bom de Português, mas não de História" não só revelam preferências e motivações para aprender as disciplinas como costumam incidir sobre o desempenho no processo de aprendizagem.

Diretamente relacionado à postura de aprender está o desafio do progressivo descolamento do sujeito em relação aos professores e pais. Trata-se de relativizar a dependência nos adultos (condição mais típica dos anos iniciais) para assumir-se como "piloto" da própria vida escolar. Na progressão do ensino fundamental, constituir-se estudante significa poder gerenciar suas tarefas e organizar-se para as atividades com relativa autonomia. É óbvio que as crianças tuteladas — como as que dependem dos pais para fazer as tarefas — tendem a sentir

Crianças na escola... E agora?

maior dificuldade para conquistar o protagonismo estudantil. Nesse sentido, é fundamental que, em casa ou na escola, pais e professores substituam aos poucos o apoio concreto (por exemplo, a total supervisão das lições) por atitudes mais indiretas de incentivo à responsabilidade, à autonomia e à regulação pessoal na realização das atividades. O fortalecimento da confiança em si mesmo e a descoberta dos encantos de cada campo do conhecimento são, nesse momento, referenciais-chave para um bom aproveitamento escolar.

Do 6º ano ao fim do ensino fundamental, dois fatores afetam o papel da família e dos educadores. Em primeiro lugar, a entrada de professores especialistas (em geral acompanhada da fragmentação de conteúdos ensinados) representa uma considerável mudança no funcionamento da escola. É fato que, do ponto de vista do aluno, a dispersão de referências docentes — pessoas com diferentes personalidades, graus de exigência, modos de ensinar e de se relacionar — afeta o posicionamento dos estudantes na rotina escolar e impõe múltiplas cobranças. Em segundo lugar, deve-se levar em conta a chegada da pré-adolescência ou da adolescência propriamente dita, que inaugura outros planos de interesse na vida dos estudantes. A escola, antes o centro de interesse, passa a ser "um espaço a mais no contexto de vida". Ao lado dos estudos, entram em cena interesses paralelos — os namoricos, as diversões com os amigos, as baladas, as bandas, os esportes de competição etc. Por isso os referidos eixos de posicionamento pessoal (autoconhecimento, autoconceito e autoconceito acadêmico) ganham outras dimensões decisivas pela redefinição da identidade e da autoimagem.

No turbilhão representado por essas mudanças, acentua-se na família e na escola a importância da organização, o estímulo a um projeto de vida saudável e o apelo à responsabilidade pessoal, estudantil e social. Tão importante quanto a valorização de

Silvia M. Gasparian Colello

novos interesses é a atenção às possíveis oscilações no comportamento do estudante e o apoio a ele em eventuais fragilidades. Para jovens mais centrados no "aqui e agora", é válido questioná-los, debater e ponderar com eles sobre as projeções do hoje no amanhã; cabem também a assistência e o estímulo à criação de planos seguros e, enfim, as negociações sobre limites e possibilidades, lazer e estudo, diversões e responsabilidades.

O ensino médio culmina em um momento existencial do aluno no qual a escola, embora reconhecida como de absoluta "necessidade para a constituição da vida futura", nem sempre é encarada por ele com seriedade.

Para muitos jovens, a escola parece valer mais pela oportunidade de convivência social. Esse paradoxo se traduz em muitos outros conflitos: assumir ou adiar responsabilidades ("quero fazer uma faculdade, mas hoje não estou a fim de estudar"); colisão de obrigação com diversão ("estudar para a prova ou ir à balada com amigos?"); oposição de opções profissionais e perspectivas de vida ("optar pelo que eu gosto ou pelo que vai me garantir?"); projetos para o futuro *versus* condição de realizá-los ("não adianta eu querer fazer medicina se não vou conseguir passar no vestibular"); desejos ou necessidades ("estudar ou ajudar a família?"); possibilidades ou oportunidades ("continuar os estudos ou fazer um intercâmbio?").

Nesse contexto, o papel da família e dos professores é igualmente paradoxal: de um lado, devem ser compreensivos e até parceiros nas angústias e nos dilemas dos jovens; de outro, mais uma vez, cobrar responsabilidades, coerência entre planos e atitudes, negociando formas saudáveis e sustentáveis de se assumir na vida.

Na justa medida, o equilíbrio entre o necessário acompanhamento (não mais uma tutela direta) e o estímulo ao protagonismo e à autonomia do estudante passa a ser o desafio para aqueles que o acompanham.

Na longa trajetória do acompanhamento escolar, o mais curioso é que cada momento prepara para a etapa seguinte e, em meio a eventuais turbulências, é preciso recuperar caminhos, resgatando o que "passou batido". Por exemplo, as bases da autonomia estudantil, que, a rigor, já deveriam ter sido construídas desde o ensino fundamental, podem aparecer como metas ainda não alcançadas no ensino médio. Assim, com jovens que tenham dificuldade para assumir a gestão dos estudos ou o seu planejamento segundo metas de longo prazo, recolocam-se, com toda a legitimidade, os mesmos objetivos de segmentos anteriores. Dito de outro modo, no processo educativo sempre é possível (e muitas vezes essencial) começar e recomeçar, reiniciar para recuperar, retomar o curso com base em dada realidade. Por isso, o papel da família e dos professores, mesmo nos momentos mais típicos, é essencialmente plástico: depende de diversas variáveis, personalidades, especificidades, necessidades, contextos, trajetórias vividas, conquistas realizadas, desafios futuros e efetivas condições de vida escolar e familiar.

Na inevitável via de mão dupla entre adultos e crianças, se pais e educadores têm como meta a construção da responsabilidade, eles mesmos devem ser responsáveis e também afetuosos, compreensivos, carinhosos, cúmplices, democráticos, dialógicos e negociadores. Ser modelo sem pretender ser reproduzido; ser proteção sem abusar da superproteção; ser autoridade sem ser autoritário; ser um norte, admitindo a possibilidade de percursos diferentes...

Saiba mais

 COLELLO, Silvia Gasparian. "Papel do professor — Instruir ou educar?" Videoaula 1 (14min41s). E-aulas USP, cursos Ética, Valores e Saúde (Univesp, 2011) e Ética, Valores e Cidadania (Univesp, 2012). Disponível em: https://www.youtube.com/watch?v=4fc6ctNIswk. Acesso em: 27 nov. 2023.

_____. "A ação educativa ao longo da trajetória escolar". Videoaula 2 (20min36s). E-aulas USP, cursos Ética, Valores e Saúde (Univesp, 2011) e Ética, Valores e Cidadania (Univesp, 2012), São Paulo, 2011. Disponível em: https://www.youtube.com/watch?v=tq-eyKWQ7Ug. Acesso em: 27 nov. 2023.

 Univesp TV. "Educação Brasileira 124 — O que pensam as crianças e os adolescentes". Entrevistadora: Tatiana Bertoni. Entrevistadas: Ana Helena Meirelles Reis e Silvia Gasparian Colello. Univesp TV, 17 jul. 2013. Disponível em: https://www.youtube.com/watch?v=yxNLkvqw1M8. Acesso em: 27 nov. 2023.

Conclusão

O que aprendemos com a vida escolar das crianças?

A vida escolar é, sim, para toda a vida. Uma vez que prepara para o futuro, deixa marcas no passado e condiciona o presente. A despeito da passagem dos anos, as pessoas permanecem impregnadas das aprendizagens, dos fracassos, das disciplinas amadas e odiadas, dos professores mais ou menos marcantes, de colegas de turmas diferentes, das amizades consolidadas e dos desafetos, dos sentimentos de euforia e de frustração, das grandes conquistas e das miudezas de cada situação vivida, que passam a constituí-las para sempre. Mesmo quando abandonam a mochila escolar, os alunos carregam a trajetória estudantil como um precioso referencial na constituição de si. Assim, em nome da relevância de toda a escolaridade, justificam-se os esforços dos educadores, o acompanhamento dos pais e a parceria entre famílias e escola, tudo isso costurado por posturas comprometidas e responsáveis. Para tanto, ficam algumas das mais preciosas lições.

Em primeiro lugar, é preciso *renunciar a expectativas de "fórmulas genéricas"*, aplicáveis a quaisquer sujeitos. Marcado por condições específicas, o sucesso da vida escolar nunca será garantido *a priori*. Ainda que seja cabível postular princípios gerais, o desdobramento deles merece ser assumido na e pela singularidade da situação ou do indivíduo. Isso significa prever uma certa dose de flexibilidade para as decisões e para a tomada de atitudes. A escola que foi boa para um aluno talvez não o seja para o seu irmão; os mesmos critérios que nortearam a escolha de determinada instituição de ensino podem assumir ênfases diferentes, dependendo dos valores da família; o processo de adaptação à escola e a aprendizagem de uma criança não se repetem em seus colegas; a indisciplina e o *bullying*, entendidos como mera brincadeira por uns, acabam por destruir outros. Assim, é preciso enfatizar: na educação não existem verdades absolutas.

Em segundo lugar, *sejamos criteriosos com os saudosismos* que pretendem impor hoje a mesma lógica do passado. Raciocínios do tipo "no meu tempo" são válidos como memória afetiva e constatação de uma conjuntura que fez enorme sentido em algum momento, mas nem sempre servem de parâmetro para a atualidade. Quer dizer, os problemas de hoje relativos aos alunos de hoje nas escolas de hoje não podem dispensar as condicionantes e as variáveis de hoje. Assim, deve-se ter cautela com a expectativa, muitas vezes inconsciente, de "impor ao outro a minha história de escolaridade". Sem desmerecer o valor de experiências acumuladas, o princípio de "assim aprendemos, assim ensinaremos" é incongruente tanto na perspectiva da metodologia de ensino, quanto no que diz respeito ao momento e ao conteúdo da aprendizagem. Por isso, é preciso admitir que, por causa das especificidades, das demandas, dos recursos da atualidade, das inúmeras contribuições teóricas, das consequentes atualizações curriculares e, por fim, da realidade do público estudantil, estamos diante de uma situação educacional inteiramente nova, o que impõe reconstruir a escola — uma escola mais afinada com os novos tempos e com o perfil das novas gerações.

Em terceiro lugar, deve-se *ter cuidado com as expectativas de modernidade* da escola, não só porque a adoção e a assimilação

Crianças na escola... E agora?

de recursos e de princípios arrojados costumam ser lentas, mas também porque dependem de critérios pedagógicos, investimentos, aparelhamento, disponibilidades didáticas e capacitação de professores. As dificuldades de ensino vividas durante a pandemia comprovaram o tamanho dos desafios que as escolas ainda têm de enfrentar (Colello, 2021a; TV Cultura, 2021). Ou seja, tão importante quanto a reforma da escola é a reforma qualitativa e responsável de todo o sistema educacional e de cada instituição. Não nos deixemos enganar por renovações na aparência que, em muitos casos, apenas camuflam as velhas tradições.

Em quarto lugar, em nome de uma desejável coerência do processo educativo, importa *questionar o mito* da complementaridade supostamente fincada em princípios contrários (Cafardo, 2023). Isso porque, para muitos pais, se a família é liberal, vale a pena uma escola conservadora (ou vice-versa); se eles priorizam o raciocínio e a criatividade, optam por investir também nas metodologias de mecanização e sistematização a fim de garantir uma base mínima de conhecimentos etc. Em que pese o interesse pela pluralidade de estímulos, pela variedade de experiências e pela diversidade de estratégias pedagógicas para uma formação ampla, não se pode confundir diversidade de caminhos com imprecisão de metas.

Em quinto lugar, cumpre valorizar, entre todos aqueles que participam do processo educativo, uma *cultura de aprendizagem constante*: a perspectiva de permanecerem alertas e abertos ao saber; a certeza de incompletude que nos torna receptivos ao novo ou inusitado; a ousadia de duvidar, abrindo mão das zonas de conforto, de tudo que se considera certo e definitivo; a predisposição para sempre buscar novos fundamentos e novas alternativas.

Afinal, diante das mais diversas situações, dificuldades ou dilemas no acompanhamento da vida escolar, que tenhamos em vista um dos mais valiosos recursos na busca de soluções: o *diá-*

logo — entre famílias e escolas, entre educadores, entre pais e filhos e, principalmente, com os estudantes e entre eles. A transparência nas palavras, o respeito a posições divergentes, a escuta respeitosa, a busca conjunta de alternativas e a parceria em metas partilhadas com responsabilidade são, de fato, os melhores caminhos para conduzir todo o projeto educativo.

Se este livro contribuir para a abertura, a flexibilidade e a revisão de posicionamentos; se favorecer a reflexão sobre a vida escolar, iluminando os percursos dos educadores; se inspirar práticas alternativas na construção de um ensino melhor; se subsidiar a parceria entre escolas e famílias; se abrir espaço para que possamos compreender melhor a legítima angústia de pais ou responsáveis pelas crianças, então ele se aproximará, ainda que um pouco, dos seus objetivos originais. Que assim seja!

Referências

AJURIAGUERRA, Julian *et al. A escrita infantil — Evolução e dificuldades*. Porto Alegre: Artes Médicas, 1988.

APPLETON, MATTHEW. *Summerhill — Uma infância com liberdade*. São Paulo: Summus, 2017.

ARANTES, Valéria Amorim (org.) *Afetividade na escola — Alternativas teóricas e práticas*. São Paulo: Summus, 2003.

CAFARDO, Renata. "Escolha de escola não pode servir para compensar o que a família não consegue fazer". *Estadão on-line*, São Paulo, 10 set. 2023. Disponível em: http://tinyurl.com/35xphkw2. Acesso em: 27 nov. 2023.

CHARLOT, Bernard. *Da relação com o saber às práticas educativas*. São Paulo: Cortez, 2013.

COLELLO, Silvia M. Gasparian. *A escola que (não) ensina a escrever*. São Paulo: Summus, 2012.

_____. *A escola e as condições de produção textual — Conteúdos, formas e relações*. Tese (livre-docência em Educação, Psicologia e Linguagem), Faculdade de Educação, Universidade de São Paulo, São Paulo, 2015. Disponível em: https://silviacolello.com.br/livros/tese-de-livre-docencia-silvia-colello. Acesso em: 9 dez. 2023.

_____. *A escola e a produção textual — Práticas interativas e tecnológicas*. São Paulo: Summus, 2017.

_____. "Alfabetização em tempos de pandemia". *Convenit Internacional*, n. 35, Centro de Estudos Medievais — Oriente & Ocidente (Cemoroc), Faculdade de Educação da Universidade de São Paulo, São Paulo, p. 1-22, jan.-abr. 2021a. Disponível em: http://www.hottopos.com/convenit35/Silvia.pdf. Acesso em: 27 nov. 2023.

_____. *Alfabetização: o quê, por quê e como*. São Paulo: Summus, 2021b.

COLL, Cesar; MONEREO, Carles. *Psicologia da educação virtual — Aprender e ensinar com tecnologias da informação e da comunicação*. Porto Alegre: Artmed, 2010.

COLOMER, Teresa. *Andar entre livros — A leitura literária na escola.* São Paulo: Global, 2007.

FERREIRO, Emilia. *Proceso de alfabetización — La alfabetización en proceso.* Buenos Aires: Centro Editor de América Latina, 1985. [Edição brasileira: *Alfabetização em processo.* 21. ed. São Paulo: Cortez, 2017.]

_____. *Passado e presente dos verbos ler e escrever.* São Paulo: Cortez, 2002.

FERREIRO, Emilia; TEBEROSKY, Ana. *Los sistemas de escritura en el desarrollo del niño.* Buenos Aires: Siglo Veintiuno, 1986. [Edição brasileira: *A psicogênese da língua escrita.* 19. ed. Porto Alegre: Artmed, 1999.]

GÓES, Flávia Temponi; MENDES, Cláudio Lúcio. "Currículo e hierarquia dos saberes escolares — Onde está a Educação Física?" 32ª Reunião da Associação Nacional de Pós-Graduação e Pesquisa em Educação (Anped), Caxambu, 2023. Disponível em: http://32reuniao.anped.org.br/arquivos/trabalhos/GT12-5571--Int.pdf. Acesso em: 8 set. 2023.

GÓMEZ, Ángel I. Pérez. *Educação na era digital.* Tradução: Marisa Guedes. Porto Alegre: Penso, 2015.

GUSDORF, Georges. *Professores para quê? Para uma pedagogia da pedagogia.* São Paulo: WMF Martins Fontes, 2022.

LERNER, Delia. *Ler e escrever na escola — O real, o possível e o necessário.* Porto Alegre: Artmed, 2002.

MACEDO, Lino. "A questão da inteligência: todos podem aprender?". In: OLIVEIRA, Marta Kohl; SOUZA, Denise Trento; REGO, Teresa Cristina (orgs.) *Psicologia, educação e temáticas da vida contemporânea.* São Paulo: Moderna, 2002.

PALFRAY, John; GASSER, Urs. *Nascidos na era digital — Entendendo a primeira geração de nativos digitais.* Porto Alegre: Artmed, 2011.

RODRIGO, María José. "Processos cognitivos básicos nos anos pré-escolares". *In*: COLL, César; PALACIOS, Jesús; MARCHESI, Álvaro (orgs.). *Desenvolvimento psicológico e educação — 1. Psicologia Evolutiva.* Porto Alegre: Artes Médicas, 1995. p. 123-134.

SANTOMAURO, Beatriz. "Inatismo, empirismo, construtivismo: três ideias sobre aprendizagem". *Nova Escola*, São Paulo, 5 nov. 2010. Disponível em: https://novaescola.org.br/conteudo/41/inatismo-empirismo-e-construtivismo-tres-ideias-sobre-a-aprendizagem. Acesso em: 27 nov. 2023.

SANTOS, Mateus Silva dos; CAREGNATO, Caroline. "Uma permanência da escola sob ameaça: reflexões a respeito da desvalorização do ensino da arte". *DAPesquisa*, Florianópolis, v. 24, n. 22, p. 78-99, abr. 2019, Disponível em: https://revistas.udesc.br/index.php/dapesquisa/article/view/1808312914222019078/9887. Acesso em: 27 nov. 2023.

SILVA, Juliana Ferreira *et al.* "Currículo: A hierarquização das disciplinas". VII Congresso Nacional de Educação (Conedu), Maceió, 15-17 out. 2020. Disponível em: https://editorarealize.com.br/editora/anais/conedu/2020/TRABALHO_EV140_MD1_SA2_ID5485_27082020181041.pdf. Acesso em: 27 nov. 2023.

TODOS PELA EDUCAÇÃO. "Porta-vozes do Todos comentam sobre o ensino domiciliar na grande imprensa". Todos pela Educação, São Paulo, 19 maio 2022. Disponível em: https://todospelaeducacao.org.br/noticias/homeschooling-um-debate-fora-de-tempo. Acesso em: 27 nov. 2023.

 TV CULTURA. *A criança que não aprende*. [Documentário]. Produção: TV Cultura, 2012. 1 vídeo (11min55s). Disponível em: https://www.youtube.com/watch?v=pcJscN9RYPI. Acesso em: 27 nov. 2023.

 _____. "Os desafios da alfabetização na pandemia". Vídeo (26min52s). *Opinião*, TV Cultura, São Paulo, 9 set. 2021. Disponível em: https://www.youtube.com/watch?v=RxSo2CipY4Q. Acesso em: 27 nov. 2023.

www.gruposummus.com.br